Север

Евгений Замятин

Север

ISBN: 978-1-64439-829-6

СОДЕРЖАНИЕ

СЕВЕР

Происходит так: солнце летит все медленнее, медленнее, повисло неподвижно. И все стоит закованное, залитое навек в зеленоватое стекло. Недалеко от берега на черном камне чайка распластала крылья, присела для взлета — и всегда будет сидеть на черном камне. Над трубой салогрейного завода закаленел, повис клубок дыма. Белоголовый мальчик-зуёк перегнулся через борт сполоснуть руки в воде — остался, застыл.

Минуту все стоит стеклянное — эта минута — ночь. И вот, чуть приметно шевельнулось солнце. Напружилось — еще чуть — стронуло, и все — вдребезги: брызнули в море разноцветные верешки; чайка оторвалась от камня, и откуда-то их сразу сотни розовых, пронзительных; оранжевый дым летит, белоголовый зуёк испуганно вынырнул из дяденьких сапог — и скорей за работу.

День в полном ходу. И тут сверху, из собственной конторы спускается в лавку хозяин, Кортома, веселый, дымит коротенькой трубочкой, скулы медно сияют.

Женки из становища пришли к Кортоме за мукой, за солью. Сам, собственноручно, всякой записывает долг в зелененькую книжку: все тут — у Кортомы в зелененькой книжке. И милостиво королюет Кортома, милостиво шутит с женками.

— Эй ты, холмогорка, чего у тебя за пазухой-то напхато? Вот ведь только чуть отвернись... Ничего, говоришь? А ну, дай-кось...

У холмогорки грудь — горячая, ёрзкая. И вот никак Кортома не вспомнит: была ли, нет ли у него наверху, в собственной конторе? На всякий случай ставит Кортома в книжечке метку: букву Н.

В углу холмогорка — вся кумач — застегивает кумачовую кофту Бабка Матрена-Плясея, широкая, теплая — русская печь-мать, помогает холмогорке, уговаривает ее, как дите:

1

— Молчи-молчи, ш-ш... Ведь все на местях осталось, ну? Чего южишь мухой?

Бабке Матрене товар выдается без записи: с бабкой Матреной у Кортомы свои, особые счеты...

На столе в конторе — самовар: скуластый, руки в боки — кирпичом натерт — сияет. В сияющем самоварном брюхе — по-своему, самоварному, приплюснуто, перевернуто — отражен весь мир. И на своем самоварном языке — самовар, несомненно, мыслит:

"Мир — мой. Мир — во мне. И что бы без меня стал делать мир?"

Самовар милостиво ухмыляется миру...

Перед самоваром — Кортома. Кортома в самоваре — как в зеркале: приплюснутый, широкоскулый, медно-добродушный. Самовар в Кортоме — как в зеркале: рыластый, веселый, бьет день и ночь белым ключом, попыхивает белым дымком.

Самовар благодетельствует Кортому чаем. Кортома проводит долги по бухгалтерским книгам. Счета у Кортомы — в строгом порядке, не как-нибудь, а по тройной бухгалтерии.

— Пора жить согласно западноевропейским народам, — такая есть у Кортомы поговорка.

В синем вязаном тельнике Кортоме жарко, пот градом. Вытаскивает из штанов батистовый носовой платочек, завернутый в газетную бумагу (в кармане грязно), вытирает медные скулы, опорожняет двумя пальцами нос, потом — батистовым платочком, и вновь аккуратно завернут батистовый платочек в газетную бумагу.

Против одной фамилии в дебете Кортома ставит букву Н, подумавши, скащивает со счета один рубль — и милостиво ухмыляется миру.

Сзади почтительно дожидается приказчик, Иван Скитский — из скитов беглый. Голова не на плечах, как у всех, а в плечи закопана — выглядывает мышью, из норы:

— Степка-зуёк в чану заснул... Потеха! Пожалуйте поглядеть...

— О? Ну, пусть подождут: я — сейчас.

Зуёк Степка, наживодчик, наживлял снасти всю ночь — и

вот скапутился, всё бросил, залез в дырявый салогрейный чан на берегу, и на корточках — одни сапоги дяденькины да голова льняная — похрапывал. Собрались со всего берега к чану. Кликали — не слыхал Степка, жеребцами ржали — не слыхал Степка: в чану на корточках похрапывал.

Приказчик, Иван Скитский, прикрыл чан досками, пригнёл пудовыми гирями, угромоздился сверху — и пошла потеха.

— Давай, ребята!

Стали, как на пожаре, цепью, ведро за ведром по цепи — и в чан, где Степка. Степка вскочил, ткнулся: в клетке, и вода хлобыщет, и ничего не понять спросонья.

Заколотился, заревел лихоматно:

— О, батюшки, где я? Ой, дяденька! Ой, пустите!

А дяденька Марей — тут, сзади. Такой же льняноволосый, как Степка, и Бог его знает, много ли старше Степки. Саженный, плечистый, а глаза — ребячьи, синие — на чаек разинул: вот первый раз в жизни увидел чаек.

Уже перестал звать Степка и чуть слышно скулил по-щенячьи через нос: тут только Марей услышал. Залился красным — уши красные, шея красная — плечами, локтями пропахал сквозь народ, выхватил ведро у приказчика, гири с досок долой.

Приказчик ощерился:

— Ты что? Вежливец тоже нашёлся! Твоё какое дело? Видишь — хозяин тут? Ну — стало быть, и знай своё место...

И плюхнул ещё ведро в чан — на Степку, на Мареёву, нагнутую над чаном голову.

Одной рукой Марей выхватил из чана Степку — мокрый, как щенок трясся — другой рукой Ивана Скитского за ноги да в чан.

Здоровые зубастые рты рыгают смехом. Кортома сияет добродушно-медно, в чану — фырк, визг.

Приказчик, Иван Скитский, выцарапался. Льют ручьи. Облепленный, щуплый — щерится снизу на Марея беззубыми дёснами — и вот сейчас кинется...

— Звездани его, Ванька! Ну-ка?

3

Иван Скитский поднял кулак, поглядел на саженные Мареевы плечи — опустил кулак.

— Погоди-и! Ла-адно! Удружу, дай-ка! — нырнул в свою норь — в плечи, нырнул между ног в толпу.

Представление кончено. Нехотя расходятся по местам: пластать треску, набивать корзины тресковой печенью, на спине носить на салогрейню к Кортоме.

Кортома перед уходом сунул двугривенный мокрому, хныкающему Степке — и на своем, самоварном, языке мыслит:

"Доволен, поди, мальчонка: двугривенные-то не каждый день..."

Неизвестно когда — а только проглотил кит пророка Иону. А с неба голос говорит:

— Не смей пророком питаться! Выплюнь обратно!

И опять добычу искать неохота, а ослушаться боязно. Три дня годил кит — на четвертый день выплюнул Иону. И в награду за послушание определено было киту жить бессмертно.

И живет. Страшный, громадный стал, вся спина от старости заросла мохом, кустищами. И никто не трогал: всем известно — тот самый это кит Ионыч, какому определено жить бессмертно.

А только нашелся такой отчаянный русский китобой — пустил в спину гарпун. Как обернется кит — ам! — и проглотил шкуну со всей командой. И по сю пору живет команда во чреве китовом и грех отмаливает. Кто если замолит грех — того кит выкинет, и пойдет выкинутый, где-нибудь в лесах скрытником поселится: мудрый — из чрева китова. Молится, радуется летнему незаходящему солнцу, радуется зимней ночи незаходящей, радуется грешным и праведным, радуется смерти — когда смерть придет...

За становищем, где дороги расходятся вправо и влево, на самом разулочье — развалюшка-часовня; возле часовни — землянка, в землянке — старец Иван Романыч; может — сто годов ему, может — двести.

Выполз из землянки, стоит — козырьком руку к глазам,

4

капельный, ряска зелененькая, в руках — шапка-мурмолка, на голове — пушок белый: дунь — облетит, как одуванчик.

Заря. На кончиках зеленых сосновых игол — росины, в росинах розовые и зеленые огоньки. Слава Богу: заря! Солнце все выше, небо синее. На синем — две желтых бабочки-крушинницы кружатся одна около другой, склеились, полетели — одно.

Из-под руки глядит старец Иван Романыч и улыбается: слава Богу...

Еще мальчишкой Марей был вроде Степки, еще Марюшкой его кликали. И вышло с ним происшествие.

Сидел Марюшка над Тунежмой, ловил рыбу на поддев. Шумела, бежала Тунежма по острым камням, баюкала, старинки сказывала. И заслушался ли, засмотрелся ли — а только ухнул в воду мальчишка. Пришла мать звать обедать, а от Марюшки только и осталось: уда над водой в камушках заткнута.

— Ой, батюшки, ой, утоп Марюшка, в омут утянуло!

Прибежали, вытащили: синий. Ну, все-таки откачали кой-как, отжил. А только балухманный какой-то стал, все один, и глядит — не глядит, не на тебя — мимо, и кто его знает, что видит.

Повела мать-покойница Марея к старцу Ивану Романычу.

— Батюшка, Иван Романыч, что мне с ним делать? Приговори, присоветуй. Вовсе некулёмый малый растет...

— Ну и слава Богу...

Стоит Иван Романыч капельный, в руках шапка-мурмолка, приложил руку к глазам.

— Был, мать, твой младенец на том свете, а вот откачали — и позабыл, вспомнить бы — а не может. Ничего-о, вспомнит! Иди, мать, с Богом...

И по сю пору любимое Мареево место — где мальчишкой топ: под камнем, над белокипенной Тунежмой.

Уж, должно быть, давно дергала рыба, уда гнулась дугой. Марей не слышал, все о чем-то о своем. И давно с того берега глядела — просунулась между густо-зеленых можжевельных кустов чья-то рыжая голова, высунулась по грудь, нарочно

5

зашуршала листьем: беловолосый младень-богатырь по-прежнему глядит мимо, не слышит, все о своем. Схватила камень, швырнула, плеснул камень воду у самых Мареевых ног.

Марей вздрогнул, выпустил уду из рук — схватило, завертело — уж далеко в белой пене тоненькой хворостинкой. И далеко между сосен на том берегу мелькает рыжее — как на сосновых стволах от солнца — пятно.

Пропало. Кипит, шепчет Тунежма, унесла уду: никогда не вернется.

На руке перчатка. А вот — сняли, и лежит перчатка на конторке, будто и та же, а не та: не живая, вынуто нутро. И такая за конторкой Кортомиха: нутро вынуто — и запали навсегда щеки, запала грудь. А шляпка — розовая с цветами, и еще больнее глядеть от розовой шляпки. И между двух запавших по углам морщинок — веселая улыбка: еще больней от улыбки.

Кортомиха выходила в лавку нарядная, в розовой шляпе, в перчатках, в улыбке. Такой был ей приказ мужнин:

— Пусть все видят: ты, мол, не кто-нибудь.

Но нарядная Кортомиха редко показывалась: больше наверху, на своем рундучке, у дверей конторы, и только уж разве особенное что.

Такое особенное вышло нынче: лопари пришли. Уж, пожалуй, года два не были, а нынче пришли. И первым делом к Кортоме в лавку: менять пушнину на соль, на ситец.

Народу — со всего становища, и в лавке, и перед лавкой: ярмарка, говор, торг. Тутошние девки из угла глазели — тяжелые, медленные. Встанет на цыпочки какая, покажет белобрысую голову — что нерпа из моря выстала. А лопские — чернявые, верткие, юркие — как рыбная молодь на мелководье под солнцем, только зайчиком мелькает рыжая голова среди черных.

— Эй ты, красотка, рыжая: а ну, поближе? не бойся, не съем,— скулы у Кортомы медно сияют, раздвигаются шире.

— Не подавись, гляди!

Перед прилавком, закинула рыжую голову, прямая, как из

земли зеленая былка, и не щербатый пол под ногами — земля, и мох, и белые корни — босые ноги — крепко в земле.

У Кортомы в руках кусок травянисто-зеленого ситцу. Ловкой рукой — в складочки, оборочки — и приложил рыжей пониже шеи: рыжее — зеленое — эх!

Расправлял складочки на груди, поглаживал, сквозь ситец зацепил: как молоденькая еловая шишечка, как неспелая, еще чуть розовая морошка.

На прилавке железный аршин. Сверкнула рыжая — аршином хлясь вверх по руке, по кости самой.

И в ту же секунду Кортомиха, не спускавшая глаз, мелькнула розовой шляпкой — и тут: загородила запалыми, пустыми руками, и собой, и шляпкой, схватила мужнину руку.

— Голубчик мой, да что же это... мерзавка этакая! Больно? А?

Нет, подумать: его, единственного в мире, Кортому! Поглаживала руку.

В лавке хихикали. Кортома стряхнул с себя Кортомиху — и она отвалилась на прилавок — снятая с руки, запалая, пустая перчатка.

На Ивана Купалу — жарынь. Берег, красный камень гранит, стал горячий, снизу поднималась темная земляная кровь. Острый, нестерпимый запах птиц, трески, гниющих зеленых морских косм. Сквозь туман — огромное румяное солнце, всё ближе. И навстречу — наливается море темной кровью, навстречу — в море набухают, дыбятся белые валы.

Ночь. Выход из бухты между двух скал — окошко. От любопытного глаза окошко завешено белой шторой — белый шерстяной туман. И только видно: там, за шторой, происходит красное.

В становище никого нет. Черные дыры в тумане — раскрытые окна пустых изб. Все — на том берегу, за Тунежмой. Там, на поляне с притоптанным белым мхом, еще белее, жемчужней тумана — дымные столбы от костров. Тихо тренькает трехструнка, кружатся фигуры в тумане, приходят, уходят в туман. Лопские парни — с медленными, белыми здешними девками,— здешние — с черными лопками, и среди

7

черных — рыжее, быстрое — как от солнца на сосновом стволе — пятно.

Сам Кортома здесь. Стоит — руки в боки, пуфф, пуфф, — от трубочки сизый дымок. Эх, обхватить бы крепко горячее девичье тело и кружиться до одури... Но нельзя: Кортома — не кто-нибудь. И чуванился, медленно вытаскивал завернутый в бумажку платок, цедил слова.

— Да что ж: все от самого человека зависит. Когда я ступил сюда первой ногой — кто я был? Так — паршь, зуёк, вроде Степки, а теперь — да-а... Надо жить согласно западноевропейским народам, видеть образованные города. Вот, мы скажем, Питер...

Да, Кортома — это человек: все видел. И слушают молча. Разинутые рты и глаза. Зуёк Степка. Одна голова из бездонных дяденьких сапог. И Марей: синие ребячьи глаза, белые волосы, пухлые губы, как у Степки, и страшные саженные плечи — младень-богатырь.

— Ну, а сколько же, например, улиц-то в Питере? — Марей жадно глядит в рот Кортоме.

— Ну что ж, улиц сорок, а может и пятьдесят...— надувает щеки Кортома — пуфф, пуфф!

Бог знает, есть ли в самом деле такой город, чтобы пятьдесят улиц и всё дома, дома, люди. И как же там не заблудятся в улицах? Ведь это не лес, в лесу всякое дерево, и мох на коре, и мочажины, и камни — все разное, только глаза разуй, а там — как же, в городе-то?

Всё изумленней, все шире синие ребячьи глаза. Марей далеко: в Питере. И не видит: рыжая лопка прошла мимо раз и другой. На рыжей — можжевельный венок: нынче Ивана Купала. Возле — неотступная стайка парней. Может быть, она пахнет чем-нибудь особенным — зелеными иглами, морской птицей — тянут на запах, бегут по следу.

— А, надоели, ну вас! — Рыжая села на камушке недалеко. Да, должно быть, послушать Кортому. Кортома медно сияет скулами, попыхивает трубочкой — будто и нет рыжей — и важно молчит. Кортома знает себе цену...

Торопится трехструнка, быстрее пары на белом лугу, чаще

дыхание. Пошатываются дымные белые столбы. Неслышно, пара за парой, исчезают в туман, или, может быть, в пуховый белый лес там, за туманом — и задергивается белая штора.

Дымит трубочкой Кортома:

— А вот тоже — фонарь, ночью, по самой середке, надо всем городом — фонарина... Бож-же мой! Ну чисто вот днем... куда: днем! Ночью, и зиму и лето, все до камушка видать, всякую травинку...

Торопится трехструнка, чаще дыхание.

— Слышишь, говорю: пойдем со мной в круг! — у самых Мареевых глаз зеленый венок на рыжем, уж, должно быть, давно она дергает за рукав.

— Да ну-у, погоди... Дай послушать...— далеко Марей: в Питере.

В стайке парней хихикнули. Рыжая вспыхнула, бросила Мареев рукав, юркнула в туман.

Но сейчас же вернулась: про самое-то главное и забыла. Подошла к Кортоме, взяла за руку:

— А не очень я тебя тогда аршином-то? Ну-ка, дай,— поглядела, погладила ему на руке шишку, улыбнулась — беличьи зубы, острые, сладкие, злые. Чуть приметно подергивает плечами, покачивается в такт трехструнке.

— Эх, тряхнуть разве? — Кортома не вытерпел, обхватил ее — да куда: ящеркой нырнула из рук — в двух шагах покачивается, дразнит. И как нарочно, перед самым носом Кортомы, протянула руки какому-то парню — и уж чуть видно ярко-рыжее, как от солнца, пятно сквозь густую занавеску тумана.

Больше не вернулась: перекружилась ли и пошла домой или была в белом пуховом лесу там, за туманом — кто знает?

Еще раз Марей встретил ее утром. С тяжелой отцовской пищалью шел на промысел; глядь — оттуда, где Тунежма, гонит она молоденького гнедого оленя.

— Эй, здравствуй! — крикнул Марей издали.

Олень повернул коричневую, туго обтянутую морду, но рыжая не слыхала: не оглянулась. Или, может быть, очень торопилась домой: подстегнула оленя, побежала за оленем еще быстрее.

Уж который день дуло с летнего берега, угнало в океан всю наживку, лова не было. А нынче — повернуло, загудел полунощник, захлюпали пухлые волны — и опять, не разгибаясь, зуёк Степка сидел, наживлял яруса.

Бездонные дяденькины бахилы, над бахилами белая голова, и на правом ухе, самое где мочка — запеклась кровь. Нет-нет, да и вспомнит Степка и опять тронет ухо.

А ему сзади гогочут:

— Ой, Степка, легче! Ой, совсем оторвешь: на волосинке держится.

А может, и правда: каково корноухом жить. И по чумазой морденке, как осенью по запотевшему стеклу, ползут неслышные капли.

Марей супится: это все Ванька Скитский — ухо-то мальчонке оторвал. За тогдашнее, нарочно, Марею напрекосердье. Ну, ладно: дай срок...

Плюхают беляки в берег. Нескладно, враздробь пляшут мачты. На сером небе кружатся чайки белыми хлопьями. Косыми серыми парусами проносится дождь, в небе — синие прорехи, яснеет.

Холодный серебряный вечер. Вверху — месяц, и внизу в воде месяц, а кругом — оклад старого, кованного чешуйками серебра. Чеканены по серебру — черные, молчаливые карбаса — черные иголочки-мачты, черные человечки — мечут в серебро невидимый ярус. И только плеснет весло, проскрипит уключина, прыгнет пружиной — плашмя шлепнется рыба.

У Марея — свой ярус, отцовский, принаследный. Далеко не выезжал, ставил тут, у берега. Рука — привычная, сама по себе, мерно сеет снасть за бортом. А голова — сама по себе, над серебряным зеркалом, а в зеркале — улицы, улицы, может — сорок, может — пятьдесят, и надо всем — фонарь, как солнце...

Ярусами — лежать всю ночь. Ночевать — дальние в своих посудинах ночевали, ближние — съехали на берег. А чуть заиграло солнце, закричали чайки, из черного стал розовым берег — опять в море: яруса тянуть.

Стал Марей натягивать бечевку: легко идет, вовсе пустая. Сердито посмотрел на Степку.

— Все с своим ухом нёхался, паршивец! Наживил, вот! Погоди, на берег съедем...

— Да я кубыть ничего... Я, дяденька, ей-Богу...— Степка нынче сияет: ухо приросло, вот хоть изо всех сил тяни: ничегошеньки.

Вымотал Марей еще больше: легко все так же. Еще немного — и обомлел: крючки на ярусе были срезаны, все до одного.

А у других лов был хороший. Красные дубленые руки выгребали рыбу, на берегу росли серебряные груды. И только Марей вернулся ни с чем.

Кучей набились в Мареев карбас, оглядывали, ощупывали, крутили между пальцами его яруса. Крепко, солено ругались.

— Это что же: нынче у Марея, завтра — у тебя, этак и пойдет? Вызнать надо этого человека, камень на шею — да в воду.

Супился Марей, поглядывал на Степку: нет-нет и потянет Степка за ухо, приросло, слава Богу! Ухо, крючки... ладно! Но пока, до времени Марей молчал, чтобы зря не клепать на человека.

— Это уж ты, Марей, как хочешь, а чтобы выследил вор-ра. А то это что же: и будем все друг на дружку косоуриться?

— Да уж чего там. У меня не уйдет...

Одна, и другая, и третья серебряная ночь. Подряд три серебряных ночи, глаз не смыкая, Марей стерег вора. И никого. Помалу обида на дно осела, стало жалко. Ну, Степка, ну, крючки: верно. А ведь поймается — не утопят его, так все равно кулаками насмерть угробают. Жалко. А и покрыть его — нельзя — такое дело...

С берега из-за камня — Марею как на ладони: серебряная тропка, и по серебру бегут вдаль, качаются — вверх, вниз — черные точки, поплавки от яруса. На минуту заскочит месяц за облако — пропал, ничего не видать. И опять вверх-вниз, вниз-вверх черные точки, инда резь в глазах, сами собой закрываются.

И так уж, еле-еле, вполглаза, увидел: выходит из лесу

11

гнедой олень. К Марею подошел да и говорит,— а голос у него Ивана Скитского:

— Не губи ты меня, Марей, я ведь — из Питера.

Проснулся Марей, вскочил, зырк-зырк кругом: никакого оленя, а по воде весла полощут чуть слышно, уж далеко влево — еле — чернеет — стружок, приткнулся к берегу за камнями.

Эх, проспал! Такое зло взяло. И что жалко, и что убьют человека — все забыл, и уж просто как за дичью — ползком, и на четвереньках, и то во весь дух наперерез...

Длинная каменная плешина в лесу. Лес — сзади, лес — впереди Марея, а середина — голая под месяцем.

Марей — в тени под кустом. Глаза и уши — как бритва, сердце молотит. Оттуда, с той стороны плешины, все ближе, все слышнее по лесу легкий, сторожкий хруст. Идет...

Где-нибудь вот тут, в двадцати шагах, через плешину. Вот слышно: остановился, стал забирать влево — и влево на брюхе пополз Марей. Запутался ружьем в валежине, дернул, хрустнуло, замерло. И тот — по другую сторону плешины — затих. Залегли оба, ждали: кто первый выйдет на белую плешь, под выстрелы.

— Эй, Ванька! — зыкнул Марей.— Выходи, что ли, все равно — не уйдешь.

На той стороне тихо. Месяц юркнул в темную норь, белая плешь погасла.

Марей встал. Собрался весь — в пулю — и одним духом через плешь, на ту сторону. Там уже трещало, ломило в кустах — в лес, в глубь!

— Стой-стой-стой, Ванька! Стой, не уйдешь!

В гущину, в темень влетел Марей, с расскока опрокинул, насел верхом, вязать нагнулся — руки обвисли, ошалел: та самая, рыжая... Вот так Ванька...

— Ты... ты зачем же это... крючки-то? — стоит Марей, ноги расставил, ружье на земле.

А рыжая — лицом в мох, да как зальется в голос, чисто дитё, и все пуще. Ну, что ты будешь с ней делать?

— Эх ты, Господи! А ты не реви, ну чего — ну? — и

легонько, как дитё, погладил ее по голове. А у самого сердце — тук! — тихонько в гнезде повернулось и пошло вниз.

Рыжая поднялась с земли. На коленях — протянула Марею руки, глаза закрыла, губы дрожат, а ни слова.

"Наверно, чтоб не сказывал я..." — отвел ее руки Марей.

— Да ты не бойся, никому не скажу, мое слово — верное, ну вот те крест, — ну?

Как она во весь рост вскочит да как закричит:

— Всем говори! Не скажешь, — сама пойду скажу я. Ничего мне от тебя не надо — и видеть тебя не могу — и чтоб сейчас... уходи, у-хо-ди!

Сверкнула — через плешину — и уж где-то далеко легкий хруст в лесу, и только осталось: лежит на мху ее шапка.

Марей долго вертел шапку в руках. Месяц нырял из нори в норь: серебряное — черное — опять серебряное, и все путаное, и не разберешь ничего. Вскинул Марей ружье и по-медвежьи, тяжело-легко ступая на пятки — медленно поплелся домой.

Утром Марея чистили на все корки:

— Ну и телепень! Ну и рохля! Опять срезали, а! Да как же ты продрыхал?

— Да уж так вот. Три ночи не спал, сморило, и уж не знаю как — а во сне олень...

— Эх ты, олений! Так и не видал никого?

— Нет, не видал.

Оставили Марея, стали по жребию сами сторожить: надо же этакую гниду вывести, нельзя так оставить.

Но уж больше никто не трогал ярусов. Само собою вывелся вор.

Ночи долгие, как косы у пригожей девки, а дни короткие, как девичий разум. Запели синички, хрусталем зазвенели синички. Лебеди, гуси носятся косяками, разминают крылья: скоро в дальний путь. Помаленьку укладываются лопари: не нынче — завтра двинутся на свой погост, к югу.

С длинноствольной принаследной отцовской пищалью Марей целыми днями бродил в лесу. Тихий день — и издалека слышен в лесу голк людской, стук топоров — с лопской поляны. Ветреный день — и поют золотые листья прощальную песню, срываются, крутятся — и за каждую веточку: еще хоть бы секунду...

Белая Мареева остромордая лайка подняла гусей. Тяжелые, летели невысоко, посвистывали, секли синь крыльями: Марей и ружья не поднял. На голубом мху лайка нашла медвежьи следы: взбуровлен весь мох — медвежья свадьба. Залилась — от Марея к следу, от следа — к Марею. "Ну вот же — вот — ослеп, что ли, ты?"

Марей сердито пхнул лайку в сторону. Опустила голову, обиженно поплелась лайка сзади: люди эти самые! Ничего у них не поймешь!

Целыми днями бродил Марей, искал между березовых стволов, между сосновых рыжих. Ничего нет: только синяя осень.

Все пришлые, летники, уехали. Берег пустой. Остыла салогрейня. Но все еще крутится, кипит Кортома:

— Ворочать, строить, рубить! Сто верст в час!

На пустыре, за салогрейкой — старый китобойный завод, теперь — сруб, трухлый, без крыши. Снести его долой, а на лето поставить новый корпус: консервную фабрику. Надо жить согласно европейским народам...

Кортома с трубочкой — с утра до вечера на пустыре. Прибауточками торопит, подзадоривает.

Подведут под венец вагу: нет, не берет. Сам первый затягивает Кортома — непристойную про Кортому песню:

Михаиле Кортома,
Пожарная голова...

— Ну еще! Ну-ну-ну! — сам взялся за лом. Приплюснутый, медный, кряжистый напёр — и крякнул венец: только пыль дымом.

Кончили. Убрали мусор. И в окно конторы — берег пустой, по пустому берегу гудит ветер-полунощник, бьют беляки в берег.

Перелистал Кортома книги: все подведено, по тройной

бухгалтерии. Захлопнул книги. Самовар на столе остыл, не поет.

— Эй! Самовар!

За дверями конторы, на рундучке — Кортомиха: уж давно начеку. Дрогнула — и румянец на запавших щеках, и зажатая между двух морщинок по углам губ улыбка.

— Или спал плохо? Драгоценнушка мой... Клал бы на ночь в руку сургуча кусочек: помогает. Красавчик мой...

— Ладно, слыхал... Рому!

Ром — в рундучке. Старинный, ушастый замок. Старинный винтовой ключ — все лето висел на гвоздике: нынче гвоздик пустой.

Кортомиха начеку за дверью. Бьют часы, тикают, бьют. Вечер. Далеко на краю, между водой и небом, крепко зажата розовая полоска, и от розового — еще пустее, еще голее черная водяная голымень без конца.

— Рому еще, эй! И к Матрене — живо чтоб!

Матрена-Плёсая — широкая, теплая, ласковая — русская печь-мать.

Бывало, никому нет отказа: приходи, ложись — угреет. У мужика женка — ведьма: от злой жены облегчит. Мальчишка в возраст пришел: мальчишку терпеливо, как надо, научит. А нынче стала бабкой Матрена, черный старушечий шашмур на голове. Сама уж разве-разве когда: теперь только других сватает.

И часу времени не прошло — прикатила Матрена, и с ней — верткая, черномазая лопка. Пустыми глазами — так и засасывает — Кортомиха с ног до головы оглядела черномазую, повела носом:

— Ты думаешь — ты к кому пришла? Нет, ты к кому пришла, а? Этакая вот, чуня — чуней! Ничего, ничего — вот сюда вот, все чтоб с себя долой, дам все чистое.

Бьют часы, тикают, бьют. На рундучке у дверей — начеку Кортомиха.

На третий день — трубка в зубах, руки в боки — стоял Кортома за прилавком, крепко, усядисто, по-всегдашнему, и только потуже поджата винтиками медь на лице, обтянулась на скулах.

В лавке говор и смех, набились лопские женки: завтра лопари уходят, конец, надо кой-чего напоследок.

— Эй ты, черномазая... да нет, не ты, а у какой родинка на спине. Ну, с родинкой, выходи! На-ка вот пояс: мерь...

Весело в лавке, хозяин — тороватый, шутейный. Деньги считает хозяйка в розовой шляпке, в перчатках. Между двух морщинок зажата веселая улыбка.

Почуял кончину богач — вышел к народу, ворот разорвал — и горстями золото вправо и влево: "Нате, вот, берите, православные, всё берите, мне уж ничего не надо". Так перед концом солнце ведрами лило золото в лес: золотые деревья, и небо золотое, и мох золотой.

Прямо туда, в золотую сторону шел Марей, торопился, пробирался меж перепутанных сучьев еще час, еще полчаса — и все погаснет.

И в последний час — вышла она ему навстречу из золота. Голова — рыжее пятно, губы — кровь, ружейный ствол на руке. И ни слова, ничего: увидала — и на Марея бегом. Волну мчит на камень: ударится и — одни дребезги. Но ни зацепиться, ни удержаться, ни крикнуть: мчит волну.

"Эй, ружье-то свое..." — хотел крикнуть Марей... Но уж рыжая подняла, приложилась — бух!

Цел? Нет? После... Прыгнул — пока опять не зарядила — смял ее, скрутил, наземь, навалился всем телом.

"А-а, ножом? Руки ее поймать... где руки?"

И задохся: горячие руки замкнулись у него на шее, губами — нашла губы, всё крепче. На губах — солоно, теплое: кровь.

Ударило Марею в голову, завертелось. Обхватил оберучь всей своей силой — инда хрустнуло что-то. Охнула девка, завежила глаза, вся — как воск.

Нет, теперь уж не-ет... Где ножик? Так: теперь — мой ножик. И губы мои, и руки, и вся... Ага, больно?

— Не больно... ой! Ну, еще больнее, еще — ну?

— Ты? Звереныш! Не тронь нож! Красавица, олень моя золотая, волосы мои... За что же ты меня из ружья-то?

16

— За то, что люблю, а ты... За то, что ты...

— Олень моя лесная... Нет, как звать тебя — как велишь — ну?

— Зови Пелькой... Нет, зови как хочешь, кликай как собаку, я буду за тобой бегать сзади, бей меня... Ты один — ты — ты!

Не нужно солнца. Зачем солнце, когда светят глаза? Темно. Шерстяной туман закутал, спустил занавеску. Издалека, из-за занавески слышно: капают капли о камень. Далеко: осень, люди, завтра.

— Завтра мы уходим. Уже все уложено, вежи сняли.

— Никуда ты не уйдешь. Ну, уйди, попробуй? Ну, ворохнись, ну?

— Ох! Нет, крепче, не пускай меня — еще крепче... так!

— Слушай, Пелька: ночь, снег, а у нас на окне шкура, огонь в печке. И на всем белом свете — никого: на всем белом свете — нас двое.

— Да... говори. Еще говори. Руку вот так. И только пусть с нами — мой олень. Он был маленький — рыжий... Я была маленькая...

— Да ты спишь. Спи, звереныш. Спи, олень моя золотая.

Ночь. Сыплется снег, ласково, тихонько шуршит, спень нагоняет. А когда и вправду уснули — тут задул без уёму, загул без умолку в трубах, все перепутал, задымил, засыпал.

Белые надымы до самых застрех. Все темно-белое, мягкое, тихое. Кто его знает, где день, где ночь. Просто — все позаснули, и длится медлительный сон, неотвязный, все тот же. Опять будто выходят на улицу — снова мерцают студеные звезды — все тот же, повторенный во сне, рыжий олень дремлет на привязи у чьей-то избы. Окно завешено шкурой, пляшет теплое пламя за занавеской; на снегу — красные полосы.

Капельный человечек в шапке-мормолке идет мимо и все понимает, как во сне: не думая, не называя, не говоря ни слова. И понимает: забыли дать корма оленю. Добрый человек вытаскивает со двора охапку сушеного белого мха, кидает оленю — и засыпает, чтоб снова увидеть тот же самый сон. И ночь без конца, или, может быть, все в секунду, от одного вздоха до другого...

Однажды голая рука отдернула шкуру на окне, сквозь окно в небе — розовая, яркая прорезь, розовый снег, розовый дым над крышами.

— Да нет же! Кончилась ночь? Нет, это так...

И опять спустилась шкура. Но день ото дня прорезь все ярче, все шире, и уже снаружи, на снегу, красные полосы — красные полосы внутри, в избе, на белом с голубой сетью жилок изгибе ноги, на завеженных веках, на рыжем. Сладким клеем склеены веки. Ах, не раскрывать бы...

Дует морана, напирает лед сызморя. Грохот, гул. Льдины блестят на солнце, лезут друг на дружку: бешеные от любви весенние звери. Играючи, царапаются: на дыбы — грызут — опрокинулись — и вдребезги: одна белая пыль. Пусть в пыль: все равно. И новые — лезут, торопятся гибнуть — еще радостней.

На пригорке за становищем стоит у часовни капельный человечек без шапки, жмурится, козырьком приложил руку к глазам. С пригорка видно: берегом двое летят на лыжах — и прямо вниз, в море, по голубому теплому льду, через лывы и трещины, без разбору, с маху. Куда? Все равно. Просто — во всю мочь мчаться и кричать из всей силы: хо-хо-о!

На далеком льдяно-солнечном поле упали, забарахтались, сцепились, как весенние звери. До часовни чуть слышно долетает:

— Хо-о!

Под козырьком жмурятся, улыбаются глаза: Бог помочь!

Снизу из становища ползет к часовне широченная, грузная — расползлась во все стороны печью — бабка Матрена. Лицо красное, пошатывается, из-за пазухи — горлышко бутылки. Губы улыбаются, а на щеках слезы.

— Ты, бабка, чего?

— Да как же, милачек: весна. Бывало весной-то... Эх! А нынче — только один постен-домовой ночевать холит. И пью — одна.

— Ну давай — я с тобой.

— Вот спасибо, сердешный! Вот — святая душа!

Греются на пригорочке, пьют из одной бутылки. Внизу, на льдине — две черные точки.

Долгий, протяжный треск: отделилось, неслышно тронулось в путь ледяное поле. Те — на льдине — не поднялись, не шевельнулись, может быть, и не заметили вовсе. Медленно уплывают две черные точки.

А на берегу — суета, крик, забегали. "В море их утянет... Кабы полная вода, а то отбыль..." А ветер откентелева, сивая твоя борода? Ну? "Багры где? Эй вы, трепалы, будет вам языками-то: багры живей!" "Гони, гони! Людей унесло... Гони!"

Кортома запрягает оленя в легкие кережки, на кережках — багры, складная брезентовая лодка: скакать на перез к Мышь-Наволоку, авось там льдина ткнется на мель. Пожалуй, обошлось бы и без Кортомы, но Кортоме вот непременно самому загорелось. Может быть — весна, распирает от солнца, и просто надо сломя голову нестись, ворочать, кричать. Или, может быть, есть тут у Кортомы какая-нибудь тройная бухгалтерия.

А те двое — со льдины на льдину, через лывы и трещины. Усталые, пьяные от солнца, от скачки по сверкающему синему льду — вернулись домой.

У избы смирно стоял, привязан рыжий олень. Пелька обняла, прислонилась к теплой оленьей морде.

— Хорошо, миленький, а? Стоять надоело?

Отвязала — пустился олень стрелой. Очертил круг, вскочил на взлобок, стал, тонконогий, задумался: бежать ли туда, где синеет низкий северный лес, или вернуться к избе за мхом?

Запели комары. На зеленом бархатном мху — розовые прохладные кораллы морошки, матово-синий голубень. Где-то далеко горят леса, солнце плывет в тумане.

Втроем: Пелька, Марей и Мареева белокипенная лайка. Рыжие Пелькины волосы перепутаны, в рыжем — зеленый венок: вот только встала из земли весенняя упругая былка и еще несет на острие влажную землю и кусочек зеленого мха.

Пи-иу! пи-и-у! — в тонкую сопелочку выпевает рябчик.

Замолк, слушает: в зеленом шуме верхушек не откликнется ли подруга?

— Пи-и-у! — на рябчиковом языке откликается подруга Пелька.

И все ближе рябчик, вот над головой на ветке — дрожит, распустил крылья, раскрыл влюбленное сердце.

Выстрела рябчик не слышит — только огонь в глазах,— падает в огонь. С веселой лесной жестокостью Пелька отрывает рябчику голову — и дальше.

Перекликается со всякой лесной тварью, покорным стадом бегут за ней зелено-рыжие сестры-сосны. Всё жарче: росинки на лбу, прозрачные капли по рыжим сосновым стволам. Где-то впереди звонко залилась лайка.

— Заряди, Марей, покрупнее: гуси...— Пелька слышит — лайка крикнула: гуси.

Раздвинулись деревья, как занавес: длинное, тихое озерко, берега из гладкого красного камня. Кагачут гуси, карагодом снимаются с озера в медленном лёте. Разбивают тихое зеркало два удара берданки — Марей, за ним — Пелька. Два серых комка перевертываются нелепо, шлепаются в воду.

Лайка чихает и визжит в воде, не справится с тяжелым гусем: надо самому лезть. Глубоко, пожалуй.

Марей натужился, пригнул к плечу белую голову, медленно стягивает сапоги: промокли, нейдут.

— Эх ты, грузный какой! — Пелька не вытерпела: мигом сбросила свою легкую лопоть, розовая — бредет в тихой студеной воде — одна голова — теперь плыть.

Вернулась, отряхивается, смеется, пахнет свежей водой, водорослями. Возле отряхивается лайка, прыгает, лижет колени. В рыжих волосах — зеленый венок, скатываются капли с грудей, с нежных, розовых, как морошка, кончиков — должно быть холодных. В руках — гуси, из гусей — сочится кровь, обтекает точеные ноги.

Нет сил стерпеть. И тут же, на теплых красных камнях, Марей греет губами прохладную, бледно-розовую морошку.

— Нет, не согрелись еще, видишь — еще холодные.

Где-то горят леса. На красном камне возле тихого озерка

дымит костер из душистой хвои. Пелька жарит над костром жирного гуся; огонь играет на зеленом, рыжем; губы и руки в крови. Чуть слышно улыбается глазами Марею: вслух не надо.

Издали хруст: медведь прет через трущобу. Затих — и только еще ворчит сердито белая лайка сквозь сон.

Костер тухнет. Ближе придвигаются из темноты сестры-сосны — всё темнее, всё уже мир — и вот во всем мире только двое.

Бог с ними — с людьми. Марей ушел из артели, сдал приезжим летнякам свои яруса, избу, платили ему рыбой из улова: запас на зиму будет. Жили с Пелькой в лесу, в лопской веже: остовище из тонких слег оплетено хворостом, мхом обложено, и внутри зеленый мох — пуховой ковер.

Всякое утро Пелька меняла примятый мох. Всякое утро, напевая, навораживая, плела свежий можжевельный венок, вчерашний — вешала на стены. Может быть, зеленые венки — жертва Богу. Может быть, зеленые венки — счет дням и ночам: с зажмуренными глазами дни и ночи мчались сквозь чащу, сквозь белое бессонное солнце, мимо тихих лесных озер. И вот на лету схватиться за пролетающее дерево и, крепко придерживая шапку, обернуться назад лицом к вихрю: нет, не сон, вот венок, и еще, и смятый, высохший мох. А потом опять зажмурить глаза — пусть несет...

Марей ушел в становище к людям, в лавку к Кортоме — за порохом и солью.

Одной — томиться, спрашивать лайку: "Ну, все еще нет? Ну, что же, скоро — скажи?" И как только вскочит лайка и настроит серые уши — бросить все и нестись вместе с лайкой навстречу, пока не завидится: чуть сутулый, беловолосый, медленный младень-богатырь.

— Ты-ты-ты! — только одно слово: как на заре одно и то же слово без конца выкрикивает гага в каменном гнезде...

Были облачные дни. Понемногу скорлупа облаков все тоньше, розовее, треснула — и солнце, между зеленых верхушек — синий просвет. Марей не слышит, синими глазами — в синь, далеко.

Пройти мимо, нечаянно уколоть грудью: нет. Сдвинуть

21

брови — так — чтоб столкнулись, крикнуть: "О чем думаешь? Не хочу! Не смей!" И в ответ изумленным ребячьим глазам — сгореть, в клубочек у ног, вместе с белой лайкой, и как лайка — от поглаживания зажмуриться, затихнуть...

Ночью — дождь, тихая шелковая музыка в веже. И только всего: проснуться, протянуть руку, чуть-чуть тронуть в темноте — и засмеяться от нестерпимого счастья: дождь.

И снова лететь — из сна в сон...

Однажды ночью сквозь сон погладила мох: пусто. Не поверила, вся выпросталась из сна, раскрыла глаза в темноте, тронула: пустой смятый мох. Марея нету.

Выбежала, крикнула звонко:

— Маре-ей!

Никого. Луна висит чужая, тяжелая, как замок на двери, дверь наглухо замкнута, все тихо, и только издалека шумит бессонная Тунежма.

Внизу на воде тень. Сверху видно: на темном зеркале заводи — белая голова Марея. И не учуял: вся перегнулась сверху — глазами зовет, зовет Пелька.

Вернулась в вежу, легла. И только когда уже остыли, побледнели, дрожали от утреннего холода звезды, Марей тихонько вошел в вежу, тихонько лег на свое место.

Быстро неслась осень на серых совиных крыльях. По сумеркам — правили к югу лебединые стайки, трубили в печальные трубы. По утрам мох стоял весь в седом серебре.

— Ничего не поделаешь, Пелька: надо вежу снимать да собираться в зимний стан.

— Нет!

— Сама же, девонька милая, дрожишь по ночам. Холодно.

— Мне не холодно — я не оттого... я не дрожу! Не надо отсюда!

Не умолить тебе осени, нет. В лесу разгуливал ветер-полунощник, в уши гудел, пугаючи, выметал к зиме, крутил листья.

Лихоманно-румяным, ветреным вечером вернулись в становище. В избе пахнет нежильем, холодной сажей. Но

22

широкая лавка в кути — та самая, и только завесить окно шкурой, затопить печь...

— Ты, Пелька, затапливай, я сейчас — только вот к Кортоме, а то в лампе засветить нечего.

Пел в печи огонь, напевала Пелька. Посыпала пол можжевельником, и можжевельник на стенах, и мягкая постель на лавке: всё как тогда, зимой.

Вязанка прогорала. Пелька подкинула еще одну: пляшет, трещит. И опять понемногу всё ниже языки, всё медленнее. Там-сям синие, последние. Потухли, темно.

Вышла на улицу. Гудит полунощник, бухают волны в берег, звезды дрожат, мигают огоньки в избах.

Сквозь незавешенное окно в лавке Кортомы видно: Кортома на бочке, с трубочкой, учительно поднят указательный палец. Кожаны, ушастые шапки, белая голова с изумленными по-ребячьи глазами...

В Мареевой избе темно. От угольев еще чуть-чуть краснеется устье печи. На лавке чуть белеет Пелька, свесила ноги, руки крепко зажаты в коленях.

— Ты где же, Пелька? Ведь ты хотела — огонь в печке, как зимой.

— Я топила.

— Потухло. Эх... Давай еще зажгем, а?

— Нет, хворост весь.

В печи уголья чуть-чуть потрескивают, шевелятся, шуршат под золой.

Всё под снегом. Лютая тишь в становище.

В темноте вставали, нехотя шли на двор: нарубить снегу, кипятку согреть. Нехотя ели, поглядывали в окошко: стекла черные.

К бабке Матрене, что ли, сбегать: сколько теперь время-то?

У бабки Матрены — на стене часы, без утиху тикают, хрипят, кашляют, бегут без отдыха — зрячие в темной ночи.

— Первый час, ишь ты... А нет ли, бабушка, бутылочки?

Как не быть — есть; и будто — полегче, будто — в окошке чернота слиняла, светок чуть-чуть.

Похмелые — спозаранку заваливались спать: нарочно

выгоняли из сна побольше, чтоб не так евсяными быть. Лето для промысла было незадачливое, ежева мало, со счетом ели. Косились на стариков: старики — они жоркие, известно, а кой прок их кормить? И поголодуют — не беда.

Голодные собаки завывали. Бабы трижды в день мыли ребятам брюхо кипятком, чтоб меньше есть просили. Старики голодали молча.

И помаленьку началось со стариков: стали ногами, деснами пухнуть, кряхтеть, на печи лежа — городить невесть что. Пошла боль из избы в избу. Из избы в избу ходил Иван Романыч, земными поклонами лечил: перед образами бить поклоны, по сту, по двести, покуда пот проймет, глядь — полегчало.

А Матрена-Плесея сверху, с печки, смеется Ивану Романычу:

— И-и, батюшка! Коли ноги носят — плясать: куда лучше твоих поклонов взопреешь...

Так все и не слезала с печки. Потягивала из горлышка, песни играла, постен-домовой на гребешке подыгрывал.

— Слышь, слышь, Степка: заливается-то как? А вот на погребце стаканчиками заиграл, во, во, ишь!

Степку посадили за бабкой поглядывать, в угол забился, глаза — круглые. Господи, хоть бы чуток рассеяло! Жуть: мелет бабка невесть что, совсем спятила.

Слиняла темнота в окошке — Степка во весь дух погнал к Ивану Романычу: кончается бабка Матрена, молитву прочитать.

Пришел Иван Романыч, взлез на печь к бабке, в руках резной деревянный крест. А бабка Матрена глаза раскрыла и вытащила из-под себя карт колоду:

— Вот спасибо, пришел — Степка дурак не умеет: давай-ка мы с тобой в свои козыри?

Улыбнулся Иван Романыч, сел. Позеленелая ряска, капельный, темноликий: не то постен из поставца вышел, не то Савватий из старого складня.

Стали с бабкой играть в свои козыри. Повезло бабке: никогда в жизни так не везло. Вот придет червонная краля — тогда и доигрывать нечего.

Пришла червонная краля. Засмеялась бабка и, в свои козыри недоиграв, отдала Богу душу.

На лавке в углу заснул Степка; на печи, крепко зажав карты в руке, — Матрена. Положил Иван Романыч деревянный крест сверху карт, перекрестил обоих — и пошел себе.

Под черным потолком на печах старики корячатся, несут околесину — всё тише — и совсем замолкают в синих, вырубленных во льду пещерах; весною земля отойдет — Бог даст, будут лежать как следует, в земле, на погосте.

На севере стал синий сполох — и еще глубже, лютее тишь. Будто на самом дне, и сверху пригнело непроходимым синим льдом, и сквозь тысячеверстный синий лед светит мерзлое солнце на дно.

В синей пещере на дне смирно стоит, привязан, тонконогий олень. Шею гладит горячая рука; на туго обтянутую коричневую морду падают теплые капли. Тысячеверстный лед сверху. Но ведь оттает же, вернется весна, зеленый мох, розовая прохладная морошка, теплый шорох дождя?

Молчит олень.

Марея осенила благодать:

— Фонарь устроить, как в Питере. Запалить над становищем — и ни ночи, ничего: вся жизнь — по-новому.

И будто вот для этого и жил, и Тунежма — про это, а сейчас только самое слово понял: фонарь.

Ну что ж: Кортоме материалов не жалко. "Мы не кто-нибудь, у нас хватит!"

— А только я говорил: фонарики — так, маленькие, с сеткой. А ты — сейчас на свой салтык, тебе фонарину надо — во!

Нет уж: фонарики — это что. Надо такое, чтоб враз. Да и Кортома сказывал: фонарь. А теперь так — кургузит. Фонарики! То-оже...

Неизвестно, что там за окном: темный день или темная ночь. Да это и все равно теперь. От висячей лампочки-жестянки в избе — светлый круг. В светлом кругу жил Марей, строил свой фонарь: связывал в обло круг из досок-межеумок; паял жестяные трубки; плел проволочную сетку.

Там — далеко, за светлым кругом — рыжая лопская девушка. Та самая, какая однажды — давно — подрезала яруса, какая однажды вышла из золотой стороны с ружьем, прицелила — прямо в белую голову. И зачем промахнулась?

— Там я тебе оставила трещатника с квасом. На лавке...

Марею слышно издалека, из-за светлого круга. Узнал, улыбнулся:

— Спасибо тебе, Пелька, спасибо, милая. А то я и забыл совсем за работой. А ты сама? Не хочешь? Ну-ну...

Вот жалко — Марея частенько отрывают от дела: нынче — Кортома, завтра — Кортома, каждый день ходит. Ну, да ведь и то сказать: материал — не чей-нибудь, Кортомы.

— Ну, и дошлый же ты, Марей! Эку тремелюдину выдумал, а?

Кортома булькает смехом, медные скулы разъезжаются все шире. В сияющей меди Марей отражен приплюснуто, самоварно, просто дурачок. Ну, пусть себе: материалов не жалко...

Там, далеко где-то, Кортома шутит с гордой лопской девушкой.

— Вот, Пелька, скоро поеду в Норвегию за товаром. Поедем со мной, а?

— Не по дороге. Пусти руки! Слышишь — пусти!

Кортома пустил. Ну уж тут рыжая сама оставила Кортоме руки. Кортома лапает, мнет, пыхтит; рыжая через плечо назад — на Марея: должно — боится — не обернулся бы, не увидел.

Нет, не дождалась: далеко Марей, потукивает себе молоточком...

— Ну, вот что: хочешь, платье тебе привезу? Вот к волосам-то твоим будет! Прикажи, а?

Рыжая опять назад, через плечо на Марея. Ох, уж эти женки!

Кортома добродушно подмигивает:

— Да ну его, плюнь: не слышит, не бойся.

Ну, если не слышит...

— Привози твое зеленое платье... Привози два платья, привози больше, давай, я возьму все!

— Э, не-ет! Ты думаешь — даром? Ты полюби меня, женка. Ну, по рукам, что ли?

— Да пус-сти... Нет, впрочем, на, бери, на, на, на!

Да, Кортома с ихней сестрой знает обращение. Кортому не проведешь.

— Ну, прощай, красавица. Так ты помни: уговор — пуще денег... Да, бишь, насчет материалов: ты, Марей, утречком завтра приходи — бери еще. Мне не жалко, мы — не кто-нибудь.

— Эх, вот это — спасибо!

Вот когда Марей перестал стучать молоточком, оборотился...

Наутро — и как это вышло? — Марей разминулся с Кортомой: пришел — а в лавке один приказчик, Иван Скитский.

— А хозяин где же?

— Ас ковшом по брагу пошел...— хихикнул Скитский — и опять нырь в норку.

— Какую брагу?

— А-а, да так я... Сейчас назад будет. Ты пока что знай — выбирай...

Над проволочными кругами, над сияющей жестью — беловолосый младень-богатырь присел на корточки, синие ребячьи глаза разгорелись...

Кортома в Марееву избу пришел — и как это вышло? — Марея нет: одна рыжая дома.

— Здравствуй. Ты одна, гм...

— Здравствуй.

— А я насчет вчерашнего. Насчет платья-то... Не забыла?

Кортома выбрит до блеску, медно сияет миру: "Мой мир! Ура!"

Обернулся к двери, набросил крючок. Растопырил руки, скулы широко раздвинулись: сейчас поглотит маленький, рыже-зеленый мир...

Пелька в углу. Сзади, на стенке, висит острога. Как схватит острогу, как сверкнет!

— Сейчас чтоб вон! Ну?

Кортома хотел засмеяться. Острога взвилась. Сумасшедшая: как тарабахнет, правда...

Медленно, задом пятился к двери — снял крючок — за дверь.

На улице, у двери, долго стоял. Самоварный мир расскочился, самовар не мог вместить: что за шальная, вчера при муже давалась, а ныне — вот... Что? Почему?

Колышется, свертывается, развертывается голубой холодный сполох. Сверкает снежный наст, на снегу — перепутанные тени от оленьих рогов. У Кортомы перед воротами стоят, запряжены, легкие кережки: нынче Кортома трогается в Норвегию за товаром. В рваных малицах, с зелеными под сиянием сполоха лицами, стоят, провожают.

— Ворочайся-то поскорей. Моченьки нету!

— Кисленького чего бы привез... Не забудь, а?

— Не простудись, голубчик! Возьми еще шубу, а? Возьми еще, голубчик мой, возьми...

Кортома сердито тряхнул рукой, Кортомиха отвалилась. Молчит Кортома, сумный.

Свистнули, взвизгнули по снегу копылья, олени взяли с маху — и уж вон чуть видной черной точкой вверх, на белую горку... Уехал.

Через час кережки Кортомы медленно ползут по улице становища, копылья скрипят, скрежещут — к воротам — стой!

Кортома стучит все громче, испуганно выскочила Кортомиха.

— Голубчик мой! Что случилось? Что?

— Ничего. Не поеду.

Кортома наверху, в собственной конторе. Кипит, обдает паром самовар. Стакан за стаканом густого, как брага, чаю.

На стене в конторе — ружье. Висит с лета заряжено, и должно быть — распирает его от заряда, и нестерпимо, и хоть бы так, зря, трахнуть — чтоб вдребезги стекла...

Снял Кортома ружье, приложил — ба-бах в потолок!

За дверью на рундучке, дрогнула Кортомиха, вскочила, слышит знакомое:

— Рому, эй!

Торопливо сняла с гвоздика винтовой ключ.

Может быть, от синего сполоха у Кортомихи такие синие губы, и сейчас выскользнет крепко зажатая между морщинок синяя улыбка — и упадет в снег.

Но еще держится. И сбилась набок — но еще держится розовая шляпка. И опять — в который раз? — Кортомиха подходит к Мареевой избе. Никак не поднимается рука постучать...

Марей в светлом кругу потукивает молоточком. Глаза устали. Поесть бы да опять за работу...

— А что, Пелька, давай обедать?

— А ты с фонарем-то своим обед промыслил? Ничего нету... — сурово сдвинуты брови.

— Эх, как же это... Мне бы поесть да за работу...

— Что ж мне: пойти моего оленя убить? Да я лучше тебя убью... Кто там?

В розовой шляпке Кортомиха: пустая, запалая, вынуто нутро, синие губы — от холода, должно быть.

Подошла к Пельке близко. Вобрала, всосала всю ее пустыми глазами: всю ее — легкую, тонкую, точеную, сверкучую. Если б глаза убивали...

Крепко зажала синюю улыбку:

— Беда просто... Муж заболел, одной никак не управиться — подать там, принять... Бывало, Матрена поможет. Может, ты бы пошла, а? Уж он так просил — так просил...

Марей положил молоточек, прислушался. Пелька обернулась на Марея через плечо — вдруг вспыхнула, раздвинулись брови. И Бог знает почему — сияет, сияет глазами Кортомихе:

— Некогда мне... Я бы рада — да некогда! "Не пошла! Не пойдет!" — Улыбка у Кортомихи зарозовела, розовая ушла Кортомиха.

— Ты, Пелька, у меня смотри! Ты еще Кортому не знаешь, и правда когда не вздумай пойти этак... А то ведь и я добёр-добёр, а и убить могу... — в шутку нахмурился Марей.

Пелька ходила по избе веселая, напевая изменчатую, переливчатую лопскую песенку. Сняла со стены ружье, на

29

минутку замолкла: или не надо — или повесить ружье на место?

Нет. Пошла с ружьем:

— Там я следы видала, может — и промыслю что...

Развивается, свивается, колышется синий сполох. В синей пещере на дне — чуть виден тонконогий рыжий олень. Шею ему обхватили горячие руки, горячие губы целуют, целуют — кругом всю заиндевевшую морду.

И Бог весть, как это случилось — должно быть, курок зацепился за рукав — ружье нечаянно выстрелило прямо в оленя, олень упал.

Марей выскочил под сарай — уж и дергаться перестал олень. Ну, что ты будешь делать — стрясется же этакое!

Вечером пляшет огонь в печи, на сковороде свиристит кусок оленины.

— Давай, Марей, запремся — и чтоб никто, ни один человек...

— Ой, и верно, запереться! А то, правда, мешают — беда. А уж мне немного осталось. Ты знаешь: уж скоро... Да погоди, погоди же — куда ж ты?

В черном небе — все шире заря малиновой лентой. На дне синих ледяных пещер — алые огни, торопливая работа идет на дне — куют солнце. Розовеет снег, уходит вглубь мертвая синева, может быть, немного еще — и улыбнутся розовые губы, медленно поднимутся ресницы — и засияет лето...

Нет, не будет лета. Пелькины губы крепко сжаты, брови сурово столкнулись.

— Марей! Может, и ты пойдешь? Или, может, хочешь — я останусь? Ну, хочешь, не пойду?

Кортома вернулся из Норвегии, у Кортомы — вечеринка, как и всякий год.

— Нет уж, одна иди. Уж я лучше поработаю...

Пелька долго сидит на лавке — той самой — руки в коленях. Долго ходит по избе. Один раз что-то хрустнуло — может быть, впрочем, это хворостинка попала под ноги. Сняла платье с гвоздя, стала одеваться.

Было это — то самое зеленое платье. Кортома не забыл —

привез. Вчера утром пришел со свертком Иван Скитский, сверток перевязан зеленой лентой.

— Это тебе от хозяина. Беспременно чтоб на вечеринку приходила. А насчет платья, сказал: твоя воля. Хочешь — наденешь, не хочешь — нет, это уже ты сама...

А из норки — из плечей — голова так и выныривает, глаза так и скачут — как неключимая сила, и поглаживает сверток ласковенько, и погладил бы Иван Скитский Пельку, погладил бы Марея: весело!

Пелька — в зеленом платье. В рыжих перепутанных волосах — сухой зеленый венок. Губы — сухие, сжаты так — еще немножко, и кровь брызнет; и все-таки губы дрожат.

— Марей!

— Что? Ага, оделась? Ой, и красива же ты, Пелька! Ну, ты чего же?

— Нет, я так. Так я иду.

— Эх, жалко, работа... Кабы не работа — я бы тоже — пожалуй... Да надо кончать, вот.

— Да, надо кончать.

У Кортомы вечеринка, как и всякий год. Хозяйка — нарядная, в розовом платье, в улыбке. Хозяин — в праздничном обряде: новые сапоги высокие — выше колен, синий вязаный тельник — и сверху фрак.

Хозяин нетерпеливо вытаскивает часы из заднего кармана фрака: на часы — на дверь — опять на часы.

— Да ты все ли ей сказал, как велел я? — сердито шепчет на ухо приказчику Ивану Скитскому.

— Да, Господи — да неуж я?..

И наконец: через дверь — морозное облако пара, и в белом облаке — зеленое платье.

Засияла широкоскулая медь, чавкнула, сплюснула мир: мой!

— Мое? Зеленое? Да умница же ты какая! Я ведь знал: ты умница, — только так ведь... Ох, хитрая!

И пусть он ведет обнявши, и пусть все видят — пусть...

— Ну что же, гостёчки, за стол? Все теперь в сборе?

На столе — свежина, калитки с пшеном, овыдники,

31

заспенники, пироженники, белые головки, зеленые, красные. Хозяин засучил рукава фрака, чтоб ловчее было, налил и произнес тост, — согласно западноевропейским народам:

— Ну, ребята, за вас и за все ваше отродье!

И заработали гамкалы. Дым от трубок, морозный пар от неплотно припертой двери. В тумане — одни рты: чавкают, уминают; похрустывают на зубах кости. Рядом с хозяином, по правую руку — Пелька. Напротив, через стол, хозяйка — весело улыбается, не сводит глаз с зеленого платья, громадными глазами вбирает, всасывает всю ее: рыжие волосы, крепко сцепленные брови, стиснутые губы.

— Нет, материя-то какова — материю я тебе выбрал: чистый шелк! — Кортома поглаживает зеленую материю тут, там.

— Еще вина мне, еще лей!

— Ты умница, я знал — ты умница, больше так ведь...

Краснеют лица, подымается снизу темная земляная кровь. Подмигивают Пельке, подмигивают хозяину: ну и ходок! Женкам мешают пуговицы — расстегивают одну, другую, третью. По двое выходят освежаться за дверь.

— Ну что же, гостёчки, набузгались, а? Ну — плясать! Живо!

Пропал стол, стулья. Пустая середина. Из норки выскочил Иван Скитский — бубен в руках:

— Тим-та-а-ам! Тим-та-а-ам!

— И-эх! — вдруг выхватила бубен рыжая и пошла кругом. Глаза закрыла: белое бессонное солнце — белая ночь на лугу — белые дымные столбы от костров...

— И-ах! — еще отчаянней — до смерти закружиться, выкружить все из себя: ничего не было...

Грохают грубые сапоги об пол, по ветру бороды, фалды фрака... эх, гони — сто верст в час!

— А ты что же? — на лету крикнул Кортома хозяйке. — Сидишь одна: гага на яйцах!

Хозяйка медленно встала. Веселая улыбка между двух морщинок по углам губ. Замелькало в кругу ее розовое платье, завеяло — качнулось...

— Стой-стой-стой! Упала... да стой же! Розовое платье опускалось на пол, таяло — и вот сейчас на полу будет только розовый комочек... Кортома подхватил, увел в соседнюю комнату:

— И вечно что-нибудь этакое! Уж не может! Ну чего — ну?

— Голубчик мой — это я так... Уморилась нынче очень — я сейчас... Ну, вот и ничего.

— Ты бы вот лучше наверх пошла: все ли там, как я велел — в конторе?

— Все как велел. Ты ничего, голубчик, иди в зал. Я сейчас...

Все уладилось. Хозяйка пришла, с веселой улыбкой наливает гостям шипучее. Хозяин под шумок куда-то пропал. Сквозь неплотно прикрытую дверь морозный пар. В розовом платье немного холодно — вздрагиваешь. Но это ничего — кто-нибудь войдет, прихлопнет поплотнее — и всё.

И наконец вошел хозяин, прихлопнул дверь. Должно быть, освежался: в горнице гвалт, дым как в бане-паруше. И не одному Кортоме невмоготу было: следом за ним раскрылась дверь, и вернулась рыжая в своем прекрасном зеленом платье.

Откуда-то из печки, как святочный бес-шиликун, вышарахнул приказчик Иван Скитский:

— С праздничком, хозяин! С праздничком, красавица! Магарыч с вашей милости!

Теперь Кортома где-то в стороне мирно попыхивает трубочкой, учительно поднят указательный палец. Возле Пельки приказчик Иван Скитский, вертится, щерит беззубые черные десны. Вытянул руку рожками — кызя-кызя! — защекотал козой бок Пельке, защекотал под грудью. Ну, что же: все равно.

— А я завтра все расскажу му-жу! А я завтра... шу-у... му-ужу...— шуршит шиликун в ухо.

И вдруг — будто этого только и надо Пельке: вдруг — губы у нее живые, на щеках румянец.

— Что ж, расскажи. Испугал!

Ла-адно! А у самой небось душа в пятки.

— Да уж так и быть: не скажу. Пойдешь со мной прогуляться?

— С тобой? Эй, хозяин! Скажи-ка этому, твоему, чтоб отзынул. Эй, хозяин, вина!

Изо всей мочи по небу кнутом — и кровавеет рубец: заря. Но ни звука, ни оха: все равно никто не услышит.

Всё еще во вчерашнем зеленом платье — Пелька у окна, молча, ни звука. Марей — далеко, чуть виден в светлом кругу под жестяной лампочкой. Торопится, потукивает молоточком — тукает, поет, несется сердце завтра фонарь, завтра — вся жизнь новая...

— Ну что же, Пелька, как там вчера? — и уж забыл Марей, что спрашивал о чем-то, и ничего ему на свете, только — фонарь.

Все ярче рубец от кнута в небе. В плечах, в коленях — дрожь все горячее: пожалуй, вчера выбегала — остудилась, очень возможно.

— Эй, Марюха, оглох, что ли? Здравствуй, говорю. От хозяина моего — поклон со спасибом.

— Ага, Иван, здравствуй.

— Ну, а ты, красавица, как? Все на вчерашнем стоишь?

— На вчерашнем.

— Так-так-так... Ну что же, Марей, фонарь-то свой кончил?

— Кой-где пошабрить только — и завтра... Вот, ей-Богу, ничего мне на свете не надо, только бы завтра...

— Да уж я вижу: ничего не надо. Женку-то вот свою профонарил? Тю-тю, хезнула женка.

— Да нет — вон она у окошка.

— Эка, брат: это не твоя.

— Ох, чудак, ну тебя... Чья же — коли не моя?

У Ивана Скитского руки за спиной и пальцы вон этак вот, рожками — кызя-кызя — Пельке показывает. Молчит Пелька.

— Чья? А хозяина мово, господина Кортомы, со вчерашнего считается. Со ште-емпелем... Изо всей мочи кнутом... Ну, еще, ну?

— ...Платье-то этакое — задарма думаешь? Эх, слепая макура!

Бросил шабрить Марей Голова — белая, глаза изумленные, синие не макура — Степка, зуёк

— Верно, Пелька?

— Верно.

Кровавеет рубец — сейчас брызнет. Сейчас кинется, вдарит, убьет. Милый, убей!

Синие, как у Степки, глаза — на Ивана, на Пельку, опять на Ивана. Иван щерится, у Пельки губы дрожат: может быть, сейчас улыбнется.

— А-а, ну вас: нашли время! Уж ты, Иван, шут известный: луканька хвостом. Ну тебя, недосуг, кончить надо к завтрему...

Неключимой силе не переступить светлого круга: прочны, прочнее камня светлые стены. Плюнул Иван Скитский, повернулся к двери

В конце становища, на разулочье — пересмеиваются, перешептываются люди. Где-то тут Пелька Вот их сейчас всех осияет — лица, улыбки, глаза — и все новые и по-новому все

Пальцы трясутся, еле-еле Марей зажег спичку. Завизжали блоки, фонарь возносился вверх — и вверху, в самой сердцевине тьмы — над миром затеплел огонек. Вот только еще подкачать насосом — и тогда...

В темноте чуть-чуть. Красненьким дымком трубочка Кортомы. Не видно. В темноте, как дрожат холодные маленькие руки у Кортомы в лапах.

— Ну, что же, красавица, по рукам? Значит, прямо отсюда — ко мне: а манатки твои потом перетащим.

— Не могу я ему сказать — как сказать? Вот если бы ты...

— У, за этим дело не станет. Так так, значит, а?

Насос хлюпал, хрипел. Огонек в фонаре силился, подскакивал и задыхался — но больше не рос. Это ничего: зато наверно — если поглядеть издали...

Но все то же издали: над подслепым маленьким огоньком и снизу и сверху — на тысячи верст — мерзлая тьма. И от огонька — будто еще кромешней, еще чернее.

В лихорадке Марей изо всех сил, отчаянно закачал насосом.

— Бр-рязг! — треск сверху. Огонек взметнулся, ослепил — на голову Марею какие-то верешки, оскрётки — и конец: тьма.

Невидимые в темноте — окружили, задергали, затуркали Марея.

— Дурачо-ок! С фонариком супротив ночи.

— Дурачо-ок! Над ним потешаются, он... Белоголовый медведь встал на дыбы — и попер с ревом:

— Кортому... Где Кортома? А-а-а, тут? Ты зачем меня обманул? Ты мне зачем про фонарь? а? Ты — зачем, а?

— Легонько, брат, легонько. Ты ори любезно. Ну что же — фонарь? Таких твоих пяток — и довольно светло будет.

— Не надо мне довольно светло! Не желаю довольно светло! Уб-бью!

Как огонек — из всех сил взметнулся Марей — бррязг! и потух, и только мерзлая тысячеверстная тьма.

Из-за тысячи верст — голос Кортомы:

— ...Жена твоя жить ко мне, по хозяйству... ну вообще. А если там насчет денег или материалов — так я не кто-нибудь, сам знаешь...

Пелька нагнулась, жадно заглядывает в лицо Марею: уж теперь... уж сейчас... Но Марей молчит.

— Вот и вся недолга. Ну, что же, красавица... да где же ты, эй?

Нету. Кортома один. Ну, до чего же взгальные женки эти — вот раскуси пойди.

Однажды — давно это было — все было давно... Однажды шел Марей, ружье было заряжено на медведя, пулей, и вдруг — гусь из-под ног. Стрельнул прямо в шею гусю, отстрелил голову напрочь. Головы нет — а с разлёту еще машет крыльями гусь, еще сажень пролетел и уж тут гокнулся оземь.

С разлёту — еще махал крыльями Марей, еще махала крыльями Пелька.

Лед растаял. Всё в серебре — море мурлыкало под солнцем. Неслышно заскользили паруса: время рыбачить. И рыбачили Пелька с Мареем, как все, но по-другому глядели в голубую глубь.

Лебеди прилетели, затрубили в печальные трубы; гуси закагакали на тихих озерах. Втроем бродили в лесу. Пелька, Марей и белая Мареева лайка. Но вежи не ставили, как в прошлом году: ночевали в избе.

Случалось — Марей где-нибудь впереди, Пелька идет сзади

36

его, одна, подымет ружье и водит кругом. Никакой дичины и нет будто, а водит, берет на мушку. Нет, опустила.

— Не могу...

— Ты чего? — оглянется Марей.

— Нет, ничего. Я так.

Вдали залилась лайка. Пелька слышит — лайка крикнула на своем, лаячьем, языке: гуси! Надо идти...

Били гусей. Коптили полотки на зиму — будто и правда еще жить зиму. Рыбачили. С разлёту летели сажень.

Близко Спаса пошли медвежьи свадьбы. Ходили медведи парами, тройками. Потянулись из становища промышлять медведей.

— Надо и нам тоже...— Брови у Пельки крепко стиснуты.— Деньги-то все профонарили.

— Ну что же: по мне, хоть завтра,

— Я вчера одного встретила вовсе близко — где у нас вежа стояла. Да только ружье было с дробью.

— Ну что же: пули есть.

Встали на заре, раным-рано. Мох — седой: издалека уж дохнула неумолимая осень, первый зазимок. Деревья — червонные, розовые, золотые: осенний убор. У Пельки в рыжих волосах — зеленый можжевельный венок.

— На, зарядила...

И тяжелая же, должно быть, Мареева принаследная пищаль: дрожит у Пельки в руке, или так ослабела, извелась женка? Да, пожалуй, это.

Мареева кипенно-белая чайка путается у Пелькиных ног, поглядывает вверх умным глазом: "Я знаю". Пелька долго ведет с ней молчаливый разговор, поглаживает пушистую шею.

— Ну, будет... Вперед!

Примятый мох, щепки, зола. Да, тут вежа: давно.

— Марей!

— Ну?

— Вот уже... лайка, слышишь? Марей!

Раздвинулись, как занавес, зеленые сестры-сосны: поляна. В нос вдарило острым медвежьим духом: на поляне на дыбах стоял медведина и играючи отбрасывал лайку. Лайка совсем остервенела: кидается, воет, визжит.

— Марей — ты. Я потом... Ну — скорее...

Да, прошло время — не надеется на себя Пелька, руки дрожат, что поделать.

Неспешно Марей поставил свою пищаль на развилку, подпустил на десять шагов: с десяти шагов под лопатку — верное дело.

— Бух! — разошелся дымок — качнулся медведь — сейчас рухнет...

Но не рухнул: взвыл — и, огребая лапой больное место, прямо на них.

Что ж это: ведь с десяти шагов. Разве только дробь? Господи...

— Дробь...— кивнула ему Пелька.— А мое не заряжено.

Понял Марей всё. Вдруг — солнце — рыжее пятно — жить...

— Ложись! — крикнула Пелька. Не двигаться — медведь зароет, уйдет: мертвечины боится. Только не шевельнуться, не дышать...

Урча обнюхал медведь, толкнул Марея лапой: нет, неживые. И стал быстро забрасывать мягким мхом. Навалил могилу — большую. Отошел, поглядел.

Задыхаясь, двигается Пелька все теснее — губами в губы, как давно — в веже...

"Ишь ты, а еще шевелится мох-то?" — Медведь подошел, подвалил еще мху, накидал земли, сверху сам сел: зализывать рану. Кипенно-белая лайка остервенело визжит, цапает сзади, мешается.

Сердито давнул лайку лапой, сгреб ее с брюха — белую с красным, отшвырнул в куст. Серьезно, долго глядел вниз, на могилу.

Нет: мох не шевелится. Пожалуй, можно идти.

1918

БИЧ БОЖИЙ

1

Беспокойство было всюду в Европе, оно было в самом воздухе, им дышали.

Все ждали войны, восстаний, катастроф. Никто не хотел вкладывать денег в новые предприятия. Фабрики закрывались. Толпы безработных шли по улицам и требовали хлеба. Хлеб становился все дороже, а деньги с каждым днем падали в цене. Вечное, бессмертное золото вдруг стало больным, люди потеряли в него веру. Это было последнее, ничего прочного в жизни больше не осталось.

Прочной перестала быть самая земля под ногами. Она была как женщина, которая уже чувствует, что ее распухший живот скоро изрыгнет в мир новые существа — и она в страхе мечется, ее бросает в холод и жар.

Была зима, когда птицы замерзали на лету и со стуком падали на крыши, на мостовую. Потом настало такое лето, что деревья цвели три раза, а люди умирали от лихорадочного жара земли. В июльский день, когда земля лежала с черными, пересохшими, растрескавшимися губами, по ее телу прошла судорога. Земля выла круглым, огромным голосом. Птицы с криком носились над деревьями и боялись на них сесть. Молча падали на дали стены, церкви, дома. Люди бежали из городов как животные и стадами жили под открытым небом. Время исчезло. Никто не мог сказать, сколько часов или дней это длилось.

Вся покрытая холодным потом, земля наконец затихла. Все бросились в церкви. Сквозь трещины в сводах зияло раскаленное небо. Пламя свечей пригибалось от человеческих испарений, от тяжести выбрасываемых вслух человеческих грехов. Бледные священники кричали с амвонов, что через три дня мир разлетится в куски, как положенный на уголья каштан.

39

Этот срок прошел. Земля по временам еще, чуть-чуть вздрагивала, но она уцелела. Люди вернулись в дома и начали жить. По ночам они знали, что все прежнее кончилось, что теперь жизнь надо мерить месяцами, днями. И они жили бегом, коротко, задыхаясь, спеша. Как богач перед смертью торопится все раздать, так женщины, не жалея, раздавали себя направо и налево. Но они теперь не хотели больше рожать детей, груди им стали не нужны, они пили лекарства, чтобы стать безгрудыми.

И как женщины — незасеянными, бесплодными оставались поля. Деревни пустели, а города переливались через край, в городах не хватало домов. Было нечем дышать в театрах и в цирках, не замолкала музыка, огни не потухали всю ночь, красные искры сверкали в шелку, в золоте, в драгоценностях — и в глазах.

Эти глаза были теперь всюду. Лица были желтые, мертвые и только как уголья горели глаза. Они жгли. Они тройными кострами обкладывали подъезды театров, церквей, богатых домов. Они молча смотрели на выходящих. Всем запомнилась одна женщина: она держала на руках завернутого в лохмотья ребенка с почерневшим лицом, она считала его за живого, она его баюкала. Мимо нее бежали, зажимая носы надушенными платками, бежали скорее жить, чтобы до конца еще успеть истратить свое золото, тело, душу. Пили вино, прижимали губы к губам, кричали музыкантам: "Громче!" — чтобы не думать, не слышать..

Но однажды услышали: земля снова завыла. Она, как роженица, судорожно напрягла черное чрево, и оттуда хлынули воды. Море с ревом бросилось на столицу и тотчас же опрокинулось назад, унося дома, деревья, людей. Когда рассвело, головы еще виднелись в розовой пене, затем пропали. Взошло солнце. На крыше дома боком лежала барка, ее дно было зеленое от водорослей, они свисали как женские волосы, с них текли ручьи. Огромные серебряные рыбы, сверкая, бились на мостовой. Голодные толпы с криками хватали их, убивали о камни и уносили, чтобы есть.

Все ждали новой волны — и скоро она пришла. Как и в

первый раз, она поднялась на Востоке и покатилась на Запад, сметая все на пути. Но теперь это было уже не море, а люди.

О них знали, что они живут совсем по-другому, чем все здесь в Европе, что у них зимою все белое от снега, что они ходят в шубах из овчины, что они убивают у себя на улицах волков — и сами как волки. Оторвавшись от Балтийских берегов, от Дуная, от Днепра, от своих степей, они катились вниз — на юг, на запад — все быстрее, как огромный камень с горы.

От каменного топота тысяч лошадей земля глухо выла, как во время землетрясения. Была ранняя весна, в итальянских долинах деревья стояли круглые и белые от цветов, листьев еще не было. Конники скакали сбрасывая с себя овчины и смешивая свой запах с дыханием миндального цвета. Их вел Радагост, названный так по имени бога руссов. Одно ухо у него было отрублено, и потому он никогда не снимал волчьей шапки. Римляне бежали от него не оглядываясь, у римских солдат уже давно кубки были тяжелее их мечей.

Но золото в Риме еще было, золотом была куплена помощь Улда, князя хунов, которых многие называли также скифами. Улд и его хуны стали на пути Радагоста. В полдень Улд приехал к римлянам, держа на копье бородатую голову в волчьей шапке Шапка с нее свалилась, и все увидали, что одно ухо у ней отрублено. Улд услышал, как римляне били в свои щиты и кричали ему навстречу. Слова были чужие, он разобрал только свое имя. Но и оно у римлян стало мягким, как мясо, сваренное для стариков в воде,— "Ульд! Ульд!" Ему стало смешно, он кашлял от смеха, так что голова с его копья упала в белую пыль. Ее подняли и положили в винный мех, наполненный уксусом, чтобы сохранить ее и показать римлянам в день триумфального шествия Улда.

Этот день был назначен сенатом на 12 апреля. Год от Рождества Христова был 405-й.

* * *

Черная апрельская ночь. Закутанный в ночь Рим не был виден, его многоэтажные громады обозначались только вырезанными во мраке красными отверстиями окон. Дома вздрагивали, посуда звенела. По каменным мостовым всю ночь громыхали военные повозки, тысяченого топали императорские гвардейцы. Рим готовился. Никто не знал, чем кончится завтрашний день, когда город будет наводнен полчищами хунов Улда и буйной чернью столицы. Перед вечером, как обычно, пролетариям выдавали хлеб, они стояли длинной очередью. Хлеба на всех не хватило. Толпа зажгла городские пекарни, одна из них догорала за мостом. На красной небе зубцы замка св. Ангела были угольно-черные.

Когда взошло солнце, человеческие потоки с окраин хлынули в центр. Узкие улицы нещадно сжимали пахнущую лохмотьями и потом толпу, вверху между семиэтажных домов была синяя трещина вместо неба. Люди задыхались, лица у них багровели. Они текли, кричали, рты были раскрыты, но крика не было слышно. Они текли, они заливали все, как лава. Чья-то голова на длинной гусиной шее вертелась над толпой во все стороны. В подъезде на ступенях египетский монах с бритым черепом встряхивал голубые мешочки. "Небесное лекарство — пыль с могилы святого Симеона — наилучшее небесное слабительное!" В толпе старуха закричала: "Продавай это тем, кто обожрался!" В монаха попал камень, он исчез. От старухи пахло вином, у нее было расстегнуто платье, виднелись высохшие длинные груди. Она стала проклинать монахов, апостола Петра, Юпитера, святую Деву. В толпе вертелась голова на гусиной шее. Люди текли. Откуда-то со дна вынырнула грязная рука, на ней сидел розовый попугай, он пронзительно крикнул: "Граждане, я — ветеран!" Попугая держал на руке солдат с прислушивающимся, поднятым вверх лицом, глаз у него не было, они были выжжены на войне. Ему стали бросать деньги в корзину. Старуха проклинала императорских солдат, она вспомнила о самом императоре, о его сестре: эта курва Плацидия со своим братом...

Внезапно она замолчала, обернулась. Человек с гусиной шеей схватил ее за плечо и сказал: "Ты пойдешь со мной". Уже совсем недалеко внизу был виден мост, в открытых воротах замка св. Ангела — солдаты префектуры. Улица шла вниз, под ногами были ступени, все спотыкались, но упасть никто не мог: шли так тесно, что каждый чувствовал плечи, локти, дыхание соседей. Человек с гусиной шеей раскрыл рот, чтобы крикнуть — и не успел. Его длинная шея согнулась, голова повисла: сзади в него воткнули нож. Он не мог упасть, он медленно шел мертвый в толпе, голова у него моталась как у пьяного, кругом смеялись. Он упал только тогда, когда толпа перешла мост и разлилась по площади. Вдали, на форуме, трижды пропели трубы: там уже началось.

Пять солнц сверкали в конце форума — пять корабельных грудей, обшитых медью. Они плыли высоко над толпой, вделанные в мрамор ораторской трибуны. Там стояла сотня людей, женщин и мужчин, это были избранные. Дул ветер, им было холодно, на них снизу смотрели глаза. Кругом холодные колонны густо росли вверх, будто тяжелое синее небо грозило рухнуть и Рим хотел его подпереть. В мраморе чернели трещины от недавнего землетрясения, несколько колонн уже упало, и упало несколько статуй. На пустых пьедесталах, цепляясь друг за друга, сидели теперь люди в лохмотьях, им было сверху лучше видно.

На помост под трибуной взошел человек с каменной, сизой от бритья челюстью. По этой челюсти все сразу узнали его, это был префект. Он говорил, выбрасывая в толпу слова, как камни из праща. "Его вечность император..." — "Громче!" — "Его вечность, император Гонорий болен лихорадкой, он отбыл в Равенну. Вместе с врачами заботы о больном разделяет его сестра, божественная августа Плацидия"... Внизу пробежал шепот, смешки. Префект перечислил императорские милости, он объявил, что сегодня рукою консула будет освобождено пятьдесят рабов — в честь триумфатора Улда.

Это имя упало на толпу как ветер: "Ульд! Ульд!" Белые ладони всплескивали над головами, ничего не было слышно, кроме этого имени: "Ульд". В конце живой улицы, огороженной императорскими гвардейцами, шли певчие в фиолетовых одеждах, они, должно быть, пели, рты у них были беззвучно раскрыты как на картине. Фиолетовый епископ, благословляя, поднял руку на перстне у него блеснул камень. За ним шел консул и римские власти. Ветер бросил им пыль прямо в глаза, толпа навстречу им бросила варварское имя: "Ульд! Ульд!", они нагибали головы.

Вдруг все стихло. В тишине было слышно, как фыркает от пыли лошадь, но ее никто не видел, все смотрели вверх: там, покачиваясь, плыла голова, поднятая на копье. Одно ухо у нее было отрублено, на опущенных веках сидели мухи, ветер трепал рыжую бороду. Оскалив зубы, голова улыбалась римлянам, по спинам у них бежал холодок. Потом как стадо гнали пленных. У них были такие же бороды, черные, рыжие, и такие же оскаленные белые зубы.

Обгоняя шествие, к пленным подъехал конник, Это был тоже варвар. На нем были широкие комканые штаны. Его лошадь фыркала от пыли розовыми ноздрями. Он нагнулся с коня и что-то сказал пленным, они засмеялись. Он проехал мимо них вперед.

На громыхающих двуколках везли неприятельское оружие, по ветру летели варварские знамена из конских хвостов. И наконец, сзади трофеев, заблестела золотом триумфальная колесница, запряженная четверкой белых коней. Все жадно вытягивались, поднимались на носки, чтобы увидеть его.

Но золоченая колесница была пуста. Толпа растерянно молчала. Никто не понимал, что это значит. На помосте, ожидая триумфатора, стоял римский консул, видно было его высохшее, темное лицо и волосы, зимне-белые. Внизу кто-то крикнул: "Обманули!" Толпа загудела, шпалеры гвардейцев зашатались. В ту же минуту консул спустился по красным ступеням помоста и протянул руку, в руке был венок из лавров. Варвар в кожаных штанах нагнулся с коня и взял венок. Тогда все поняли, что это и был триумфатор Улд. Это имя опять взлетело над форумом, весь форум закипел, ладони плескали: "У-ульд! У-ульд! У-ульд!"

Он теперь стоял уже на помосте и смеялся, ему было смешно мягкое "Ульд". На нем была шапка из белой кожи, он не снял ее, венок он держал в руке. Консул отошел от варвара в сторону, потому что от него пахло кожей, потом. Горбун-переводчик с синей дворцовой перевязью через плечо бегал от консула к Улду, он показал Улду на выстроившуюся перед помостом длинную шеренгу рабов. Улд ничего не говорил, он кивнул горбуну и взял лавровый венок под мышку, чтобы почесаться. Над головой у него на ораторской трибуне засмеялись. Он оглянулся, зрачки у него были узкие, кошачьи.

Префект, двигая сизой челюстью и заглядывая в список, стал по одному выкликать освобожденных рабов. Первым поднялся на помост молодой раб, еще почти мальчик, кожа на лице у него была по-девичьи белая. Консул, исполняя обычай, поднял коричневую сухую руку и ударил его по щеке. Раб стал свободным, в глазах у него темнело, он, спотыкаясь, бежал вниз. На его белой коже были видны красные пятна от удара. "Сюда, сюда!" — кричали ему из толпы. Он кинулся в толпу, закрыв глаза, все еще не веря. К консулу уже подходил следующий.

Этот был широкоплечий, высокий, но он шел согнувшись, как будто нес на плечах тяжесть. Слева на черной голове у него было похожее на серебряную монету пятно седых волос. Он так дрожал, что его голые коленки стукались одна о другую. Консул заметил это он удивленно посмотрел на раба. Налетел ветер и завернул перекинутый через локоть край консульского плаща. Консул поправил плащ, потом поднял руку чтобы ударить раба по щеке.

Внезапно раб стал на голову выше консула: он выпрямился и схватил консула за руку. Так они стояли секунду, как вырезанные из мрамора. Толпа замерла. Консул отдернул свою руку, будто обломив ее. Два солдата схватили раба. Он громко закричал, внизу подхватили, толпа качнулась и, прорвав цепь гвардейцев, хлынула к триумфальному помосту, к ораторской трибуне. Это были два маленьких острова, было ясно что они сейчас будут затоплены.

К краю помоста подошел Улд. Он положил два пальца в рот и длинно, пронзительно свистнул. Толпа дрогнула как взбесившийся конь от удара бича и остановилась. Улд снял с себя белую шапку и надел на голову лавровый венок. Толпа захлопала, нестройно, неуверенно. Громче всех, забыв о приличиях, хлопала публика на ораторской трибуне, женщины оттуда бросали Улду цветы. Консул торопливо кончил церемонию освобождения рабов.

По красным ступеням помоста поднимались теперь десятка два мальчиков, все были светловолосые, только один был темный. Улду уже все надоело, его разморило солнцем, он сонно взглянул на мальчиков. Но тотчас же его глаза открылись шире, он весь повернулся к ним. Не отрывая от них глаз, он спросил что-то у горбуна-переводчика. Переводчик ответил, что это сыновья франкских и бургундских князей, они присланы отцами в Рим как заложники. Улд молча показал рукою на одного из них. Переводчик взглянул на Улда умными собачьими глазами, какие всегда бывают у горбунов, и вытащил за руку мальчика с темной головой. На нем была белая рубашка, вышитая золотом, и широкие, завязанные у щиколоток штаны. Он стоял, нагнув голову, как будто на ней были рога. "Да, он из твоей страны, — сказал переводчик Улду, — это сын хунского князя Мудьюга". — "Мудьюга? Я хорошо помню, у него было два сына. Как зовут этого?" — "Его зовут Атилла", — ответил горбун.

Улд подошел к мальчику и сказал ему что-то на своем языке. Атилла молчал, нагнув голову. Улд взял его за подбородок и поднял вверх его лицо. Мальчик как будто начал улыбаться, потом вдруг быстрым как прыжок движением, вонзил зубы в руку триумфатора, От неожиданности или боли Улд громко вскрикнул и отскочил назад, из руки у него капала кровь, он зажал руку своей белой шапкой. Потом, не оглядываясь, быстро сошел с помоста, вскочил на коня и, пригнувшись, поскакал через форум.

Тишина была такая, что было слышно, как копыта его коня падали на камень. И только когда он исчез, толпа опомнилась, все разом заговорили, все спрашивали друг друга: "Что это значит? Что это за звереныш? Почему он вдруг укусил его?" Никто не знал.

2

Из степей прибежали суслики. Их было множество, они были жирные, их жарили на огне и ели. Потом люди, один за другим, стали пухнуть, чернеть, умирать. Тогда Мудьюг понял, что надо бросить все и уйти отсюда, чтобы не умереть всем.

Это был уже конец зимы, снег не скрипел больше, от лошадей шел пар. Они прошли к реке, которой имя было Атил, ее называли также Ра, и еще позже — Волга. Было близко утро. Заря висела на небе клочьями, как куски сырого мяса, красными каплями падала на снег. Жена Мудьюга закричала так, что все остановились. Ее положили на войлок, на снегу она раздвинула ноги, ее распухший живот сотрясали судороги. Плечи у ребенка были такие широкие, что он, выходя, разорвал у матери все, и она умерла. По имени реки отец назвал его Атилла.

Они шли дальше, и шли всю весну так, чтобы солнце садилось у них перед глазами, а вставало сзади них. Когда Мудьюг видел дым, он приказывал сворачивать в сторону, он не хотел биться с людьми, потому что у него люди и лошади были усталые. Они остановились опять перед большой рекой, на ней были камни, белая вода с шумом била в них. Ночью на другом берегу небо стало распухшим и красным от огня, оно приподнималось и опускалось, собаки выли. К Мудьюгу привели двух людей, бороды у них были спалены огнем, они переплыли оттуда. Они сказали, что эту реку у них зовут Напр, а у римлян — Борисфен, и что готы к утру возьмут их город. Тогда хуны с шумом, как река, хлынули на другой берег и смыли готов, Мудьюг остался здесь князем.

Город был похож на череп. На макушке желтой и лысой горы как венец лежал дубовый тын, торчали рубленные из дерева башни. Под желтым лбом темнели пещеры, они оставались от древних насельников, о которых никто ничего не знал. В одной пещере была теперь кузница, вечером она мигала красным глазом. Весь торг и жилье были на подоле, под горой, у самой воды. Огромная желтая плешь внутри города была пуста, там стояло только пять жилых срубов, в одном жил Мудьюг, в других его ближние кметы. Временами город внезапно наполнялся людьми, он гудел, как улей. Это значило, что окрест в лесах кричат готы, приложив губы к щитам, или авары подползают, пересвистываясь, как тысяча птиц.

На остриях левой стены, по вечерам, солнце торчало, как отрубленная голова, потом падало вниз. Вдоль всей стены стоял высокий, темный дом, на бревнах были вырезаны люди, звери и птицы. Обшитые медью ворота, открываясь, сверкали, из них выводили белого коня. Атилла долго не знал, что там внутри. Он учился стоять, хватаясь за ноги стреноженных лошадей, теплой и круглой была грудь женщины, теплым был щенок, вместе с которым он спал. Холодным был брат, Бледа. Он был выше Атиллы, он холодными руками толкал его сзади, Атилла ударялся коленями и подбородком об пол. Он знал, что если лежать, то больше этого не будет. Но он всегда поднимался и снова падал, чувствуя на шее холодные руки.

В черной стене был белый четырехугольный глаз. Атилла стоял на скамье и смотрел наружу, в него вливалось желтое, зеленое, синее. Рядом с его лицом было другое. Вдруг оно задрожало, Атилла почувствовал это пальцами, он почувствовал также капли на щеке, они были теплые. Неизвестно отчего, его пальцы тоже стали дрожать, он водил ими по лицу. У женщины были большие, влажные и теплые губы, она прижималась губами, становилось тепло внутри.

Это была Куна, жена Мудьюга. Оба, и Атилла, и Бледа, были не ее дети, но в тот день Атилла перестал для нее быть чужим. Свеон Адолб неслышно подошел сзади, взял мальчика под мышки и, смеясь, сказал "Стыдно уж тебе быть с женщинами, пойдем со мной."

У Адолба был только один глаз, и оттого он был как будто меньше других, он был как будто в том же мире, что и Атилла. Он дал Атилле стрелы и лук. Мальчик напряженно смотрел, как, впиваясь в стену, стрела долго дрожала. От камня стрелы прыгали вбок, щенок, лая, кидался за ними. Его черные уши болтались, он был весь теплый, желтый, от него пахло молоком. Атилла пустил в него стрелу — и попал. Щенок скакнул вверх, потом смешно повалился на бок, бок у него стал красным. "Хорошо",— сказал Адолб. Атилла, сев на корточки, напряженно смотрел. Щенок дергался, потом перестал, глаза у него были закрыты. Атилла толкнул его рукой, он хотел, чтобы щенок опять прыгал, но его щенок лежал как камень. Атилла встал. "Что это?" — спросил он Адолба. "Ничего, издох, вот и все." Маленький, четырехугольный, нагнув лоб, думал Атилла, он не понимал, но ему стало холодно. "Тебе холодно?" — сказал он Адолбу. "Почему — холодно? Что ты!" — засмеялся Адолб. Атилла бросил лук наземь и побежал по ступеням вверх. Дома он лег у окна на лавку и с открытыми глазами лежал до вечера. На другой день он обо всем забыл.

Утром, выйдя, он увидел, что ворота в том большом доме уже не блестят, потому что они открыты. Было еще рано, розовые капли висели на листьях. Из открытых ворот выбежал старик, у него было белое меховое лицо и белая рубаха, в руке зеленый веник. Он с шумом жадно втянул в себя воздух и опять вбежал внутрь. Внутри было пусто, темно, высоко, солнце косым ножом разрезало темноту. Потом глаза привыкли, Атилла увидел в глубине четыре красных столба и, сквозь наполовину отдернутую занавесь, огромные колени и ступни. Старик, согнувшись, мел около них пол, маленький, как муравей. Левой рукой он зажимал себе нос и рот, чтобы своим дыханием не осквернить это место. Потом он выскочил наружу и снова стал дышать. Атилла стоял у входа, прижавшись к воротам щекой, он чувствовал холодную от росы медь. "Уходи, уходи отсюда скорей!" — закричал на него старик.

Днем все шумело людьми. Когда Адолб держа за руку Атиллу, вел его по ступеням, под ногами у них шуршали колосья. Они вошли в открытые медные ворота, там всюду были люди, это было так же, как в реке когда Атилла, купаясь, входил в нее и вода обнимала его со всех сторон. Все нагнули головы и зажали себе рукой дыханье. Адолб поднял Атиллу на плечо он увидел, как медленно разошлась вправо и влево завеса на столбах. Там стоял огромный, выше Адолба, выше всех, человек с двумя головами, глаза у него блестели ласточки метались над ним с писком "Кто это?" — громко спросил

Атилла "Ш-ш-ш молчи!" В это время занавесь закрылась, все задышали с шумом. "Это бог",— сказал Адолб. Атилла подумал и спросил "А ты?" — Адолб его не понял.

Потом все раздвинулись. В проходе шли и пели девушки, они были круглые, внутри становилось тепло. Они тащили за собой на веревке огромный хлеб. Сверху Атилле было видно, как утренний старик спрятался за этим хлебом и громко спросил "Видите вы меня?" "Нет, не видим!" — весело закричали все "Пусть и в будущее лето хлеб закроет меня" — закричал старик. "Я хочу есть",— сказал Атилла, и Адолб унес его.

Снаружи, за окном, весь вечер пели, Атилла слышал быстрый тяжелый топот, девушки, шутя или умирая завизжали. Из окна пахло горячим хлебом телом землей. Дверь скрипнула, Атилла увидел белую круглую руку, Адолб встал. Он подошел к Атилле, единственный его глаз горел. Он задернул мальчика занавеской. "Я бог",— вспомнив, сказал Атилла. "Спи, спи сейчас же!" И Атилла закрыл глаза.

Он увидел, что все — внизу, а он стоит огромный и у него две головы. Потом все шумно задышали, от этого стало жарко. Атилла поднялся, откинул занавеску. Показалось, что в том углу где вчера спал Адолб, было сейчас две головы и там шептались. "Адолб!" — хотел позвать Атилла, но не сделал этого почему,— он сам не знал. Ему было жарко. Он сбросил с себя все и лег голый. Месяц упал на стену, бревно стало белое и круглое, как рука.

Кони ржали и стучали копытами о дощатый помост. Мудьюг вынул из-за пояса плеть с золотой рукоятью и поднял ее. Он уехал на большую охоту, чтобы привезти лосей, медведей. С ним пошли все, это было как война. Город стоял пустой, были только одни женщины; Адолб и старики остались, чтобы оберечь их. По целым дням в тишине шумел дождь. Потом земля, деревья, небо — все стало как из молока, это был снег. Под окном черная птица сидела на дереве, легкие капли молока летели мимо нее, она не шевелилась. Было слышно, как из огня падают на пол угли. Атилла кидал их в окно, чтобы спугнуть птицу, но она не улетала. Вошел Адолб весь белый. Он сказал, что странник просит пищи и огня. Куна кивнула: "Пусть он войдет".

Когда странник поел, он сел ближе к огню, от его одежды пошел пар и запах мокрой шерсти. Он не шевелился, как птица, и у него был такой же загнутый острый нос. "Откуда ты?" — спросила Куна.— "Я? — Он подумал.— Я с севера, от моря, где родится янтарь. Я везу янтарь в Константинополь, там римляне дают за фунт янтаря фунт золота... Ты знаешь, что такое золото?" Он взял Атиллу за щеку, его руки царапали как ветка от дерева. "Я знаю",— сказал Бледа и раскрыл свой большой рот.

За окном на дереве все еще сидела птица, как будто чего-то дожидаясь. Падал снег. Странник рассказывал о Константинополе, где столько золота, что от блеска его люди слепнут, и рассказывал о народах, которые живут на востоке и на севере. Около Рифейских гор есть люди, плешивые от рождения, они питаются плодами, каждый живет под деревом и на зиму окутывает его белым войлоком. Еще выше на север лежит земля Югра, там люди на вид так ужасны, что их никто никогда не видит: они ночью кладут на снег шкуры голубых лисиц и уходят, а купцы, придя, кладут около свой товар и, взяв шкуры, бегут не оглядываясь. А около моря сидят лютичи, у них город Радагост треугольный, лютее их никого нет в бою, они живут без князя.

Из огня упал на пол черный уголек. Странник поднял его и раздавил пальцами. "И еще вагры на острове Фембра, и руяне на острове Руя, где город Аркана на черной скале. Корабли у них — то же, что кони у вас, и их все боятся".— "И тебя тоже?"— спросил Атилла. Человек засмеялся и прикрыл рукою лицо, рука у него была в угле, на щеке остались черные пятна. Он поклонился Куне и сказал, что пойдет спать. Окно было завешено ночью, дерево стояло теперь синее, птицы на нем уже не было.

Они еще долго, одни, сидели у огня. Большой рот у Бледы был раскрыт. Атилла стоял, нагнув лоб, и думал, почему есть люди, которых никто не видел. Вдруг он почувствовал что-то, оглянулся, и ему показалось, что в окне мелькнуло лицо и щека

51

с черными угольными пятнами. "Смотри, смотри! — он схватил Куну за платье, — это он!" — "Кто?" — Куна вздрогнула. В окне никого не было, там была ночь... "Поди, вели, чтобы Адолб не спал", — сказала она женщине, которая положила себе на полу войлок.

Атилла натянул на себя мех, ему стало тепло, потом жарко, он бежал все быстрее. Стены шли треугольником, никакого выхода, никаких ворот нигде не было. Он кинулся и изо всех сил застучал в стену, так что стало больно руке.

Руку ему изо всех сил стиснула Куна, она нагнулась над ним вся белая и говорила: "Скорей, скорей!" Он увидел Адолба, Адолб стоял у окна на скамье, пригнув голову к левому плечу и изо всех сил натянув лук, за ногу ему уцепился Бледа и что-то кричал. Адолб отпихнул его ногой. "Скорей, скорей!" — говорила Куна, плоская глиняная лампа в руке у нее тряслась, огонь, дымя, ложился, в дверь били чем-то тяжелым. Широкая доска на полу была поднята, из дыры несло холодом и чернотой. Куна бросила туда Атиллу, чьи-то руки подхватили его, доска захлопнулась. Он ничего не видел, он только слышал, как рядом с ним колотится чье-то сердце. Большие, теплые губы, дрожа, нашли его лицо, он понял, что это Куна. Над самой головой у них застучали ноги, мягко рухнуло об пол, шурша посыпалась сухая пыль, стало очень тихо.

Он опустил руку и почувствовал зерна, изо всех сил сжал их, они прошли между пальцев.

Тишина была только минуту, потом на дворе закричали: "Арчь! Арчь!", ночь снаружи обросла голосами, шумом, железом.

Сердце билось в лохматой, волчьей темноте, зерна шуршали меж пальцев. Опять сверху посыпалась пыль, над головой у них ходили. Они услышали закутанный в темноту, далекий голос.

"Это он!" — И Куна опять больно сжала руку Атилле. В нем быстро возникло и исчезло лицо с черными от угля пятнами.

"Это он, он!" — Куна вскочила, Атилла тоже встал, ноги у него по колено ушли в зерно. Тотчас же доску над головой подняли, ворвался свет, громкий красный Атилла зажмурил глаза, он понял: сейчас конец.

Но Куна засмеялась, ее смех был мягкий и теплый как шерсть. Тогда Атилла открыл глаза.

Это был Мудьюг, отец. Он обхватил Куну вокруг тела, рукой сжимал ее грудь, и Куна смеялась. Потом он взял Атиллу за щеку, как всегда делал утром, но сейчас как будто вспомнил что-то и толкнул его от себя, так что мальчик упал в зерно. Он поднялся и смотрел, ничего не понимая.

За поясом у отца блестела золотая ручка от плети. Он ударил Атиллу глазами и сказал "Иди наверх". Атилла увидел, что у него стал красным старый белый шрам на лбу.

Наверху было уже утро, крепкое, румяное, как яблоко, дерево за окном было розовое и белое Куна тихонько тронула Атиллу и сказала ему: "На, ешь". Он взял яблоко, оно было холодное в руке, он не стал его есть. Бледа стал рядом, спиною к окну. "Возьми, вытри", — и Мудьюг протянул Бледе свой меч. Атилле захотелось кинуться, отнять, но он только сильнее сжал яблоко, оно было холодное, от него холод шел по всему телу. Он чувствовал на себе как железо глаза Мудьюга.

Вошел Адолб. У него на ногах был снег, он постучал ими об пол и подошел к Мудьюгу. "Я нашел их следы, они на лодках бегут вниз по реке, еще можно догнать их". —"Сейчас",— сказал Мудьюг. Он больно схватил за плечо Атиллу и повернул его к себе. "Ты спрятался вместе с женщинами, ты трус!" Атилла не знал этого слова, но он все же понял, он сказал: "Нет!" — "Это я, это я его спрятала!" — крикнула Куна. "Молчи! Почему он не остался наверху, как Бледа?" Атилла на мгновенье увидел, как Бледа хватал тогда за ноги Адолба и как Адолб отпихнул его, он хотел сказать об этом, но не сказал. Он стоял, нагнув лоб, на лбу жестокие вихры торчали как рога. "Когда я вернусь, я тебя выпорю. Слышишь?" Все стало тяжелое, яблоко было как камень, оно выпало из рук Атиллы и покатилось. Куна вышла вместе с Адолбом и Мудьюгом. Атилла остался вдвоем с Бледой.

Исподлобья, не поднимая головы, Атилла увидел как у Бледы ползли длинные, тонкие губы. "Трус" — шепотом сказал

Бледа. Атилла почувствовал, как снизу, от живота, горячо хлынуло вверх, стиснуло горло. Ему показалось, что его руки схватили за горло Бледу, но этого не было, он только поднял голову и посмотрел Бледе глазами в глаза. Бледа сказал: "Что ты, что ты!" — у него затряслись губы, он прижался к стене и стоял так. Атилла, не тронув его, вышел.

Он взял горсть снегу и съел, потом приложил снег к щекам. Куна, проходя мимо, остановилась, но ничего не сказала. Атилла понял, что она ничего не может, что он один. Солнце поднялось вверх, медные ворота, сверкая, открылись, и из них вышел старик — он вел за собой белого коня. Атилла увидел себя на этом коне, он скачет по лесу, пригибаясь от ветвей: если это сделать, пока не вернулся отец... Он подбежал, ухватил коня за белую гриву, конь покосился розовыми глазами. "Не трогай! — крикнул старик.— Это конь Бога!" Атилла вспомнил огромные тяжелые ступни и колени: Бог был больше и страшнее, чем отец. "А он может"...— начал Атилла, но не мог говорить дальше. У старика были красные, тяжелые веки, он поднял их и сказал: "Он может все. Пойди туда и сильно подумай о том, что тебе нужно".

Атилла вошел внутрь. Огромные, закопченные стены покрыли его, занавесь чуть дышала на красных столбах. По спине у него пошел холод, он широко открыл глаза, он почувствовал, что весь выходит через них. "Я хочу, чтоб этого не было!" — шепотом сказал он, потом стоял и ждал. Все было тихо, конь, снаружи, храпел.

Мудьюг вернулся, когда только начали есть. От него пахло свежим снегом, лицо от холода было красным, шрам на лбу — белый как тропинка. "Мы их догнали, только один ушел",— сказал он, взял нож и разрезал мясо. Все ели молча. Атилла не мог есть, его сердце, перепрыгивая через куски мяса, неслось вперед. Перед глазами у него было окно, белое дерево блестело, медных ворот отсюда не было видно, но Атилла знал, что они есть, что они сверкают. Когда женщины унесли кувшины и блюда, Куна под столом тихонько погладила руку Атилле, и он понял, что это будет сейчас. "Я хочу, чтоб этого не было, не было!" — изо всех сил подумал он, глядя в окно, весь выходя через глаза.

Но это все-таки было. Отец приказал ему повернуться лицом к стене. Атилла сказал: "Нет!" Тогда отец схватил его за шею и пальцами приковал к стене, как железом. Атилла стоял, стиснув зубы, ему показалось, что щеки его стали твердыми как дерево. Потом он почувствовал, что его голые ноги дрожат, он сжал себя всего и перестал дрожать, он ни разу не крикнул. Когда все кончилось, он обернулся, посмотрел на отца зубами и выбежал наружу.

Там был снег голубой, мягкий, на нем оставались следы. Белое дерево стояло под окном, солнце на синем блестело. Но он только видел это глазами, это уже не было в нем, как прежде, он был один, отдельно от всех, у него были огромные ступни и колени, он слышал, как где-то, очень высоко, зубы его стучат.

Медные ворота были открыты, он вошел внутрь медленными шагами. Солнце низко светило сзади него, тень его легла длинная до самой занавеси и загнулась вверх. Он подошел и отдернул занавесь. Ласточки, свистя крыльями, как плети, закружились вверху двух огромных голов. На почерневших, деревянных щеках Атилла увидел белые следы от птичьего кала. Это было хорошо, Атилла улыбнулся. Он посмотрел вверх, на Бога, так же как смотрел на отца, его глаза были оскалены как зубы. Потом он увидел на полу золото, золотые чаши, лук, посередине и по краям обделанный белой костью. Он поднял лук, поставил его на землю, наступил на один конец ногой и наложил стрелу. Тетива была туга, руки у него были еще детские, он не мог натянуть ее.

Он вернулся домой только тогда, когда все уже стало черным и синим. Он знал, что он сейчас сделает. До ночи он ходил по лесу, вдали пели волки, он понимал их пенье. У дверей дома он увидел человека в меховой рубашке, высоко над ним, отдельно, блестело синим острие копья, еще выше острые звезды. "Что ты тут бродишь ночью? Все давно спят", — сонно сказал он Атилле и открыл ему дверь.

Атилла услышал, как Адолб в своем углу зашевелился,

потом снова начал храпеть, тогда Атилла пошел дальше. Он шел, пригнувшись, различая в темноте запахи спящих, слушая всем телом. Без ошибки, как будто было совсем светло, он схватил рукою нож, который всегда висел возле Адолба на стене. Адолб опять перестал храпеть, Атилла, подняв плечи, весь заострившись, стоял и ждал.

Когда по темной лестнице он поднялся в верхний сруб и осторожно приотворил дверь, на стену слева упала красная полоса, внутри горел свет. Он услышал свое частое дыхание, замер, впившись пальцами в холодное железное кольцо от двери. Потом сейчас же понял этими пальцами и всем телом, что уйти все равно не может, и вошел внутрь.

Плоская, глиняная лампа стояла на столе. Красный, похожий на копье, огонь качнулся, остановился. Отец и Куна спали рядом, было жарко натоплено, меховое покрывало было сбито к стене. Голая рука отца лежала на груди Куны, его лицо было прикрыто рукою: у Куны одна нога была согнута в колене, Атилла увидел в красном сумраке белизну ее тела. Атилла смотрел, внутри него все шумело, как река, которая несется через пороги. В него вошло нечто новое, чего он до сих пор не знал. Это длилось только одно тонкое, как волос, мгновенье, но этого было довольно, чтобы Мудьюг проснулся, потому что его тело даже во сне всегда чувствовало сталь. Он успел отодвинуться, и нож Атиллы только слегка, боком, скользнул по ребру. Притянув к себе за руку Атиллу, Мудьюг долго смотрел на его крутой лоб, на упрямые, как рога, вихры. Понемногу брови у Мудьюга разошлись, шрам опять стал белый, он улыбнулся. "Так. Это хорошо,— сказал он и отдал Атилле нож.— Теперь иди спать". Мудьюг говорил тихо, Куна спала, Атилла опять посмотрел на нее. "Подожди,— сказал Мудьюг. Он подумал.— Я должен послать заложника в Рим. Ты поедешь туда завтра же, и с тобой поедет Адолб".

Когда, спустившись с лестницы, Атилла проходил через сени, он в темноте наткнулся на что-то. Рукою он узнал кадушку с медом, она всегда стояла здесь. Еще вчера вечером он тайком брал отсюда мед, но сейчас ему показалось, что с тех пор прошли целые годы. Это кончилось и больше не будет никогда.

В эту ночь Атилла видел отца в последний раз. На другой день, когда Атилла еще спал, Мудьюг призвал к себе Адолба и говорил с ним, потом снова уехал на охоту. Вечером он гнался по лесу за кабаном, было уже плохо видно. Мудьюг привстал в седле, чтобы метнуть в кабана копье, и на всем скаку ударился лбом о дубовый сук. Все засмеялись. Мудьюг тоже засмеялся — и умер. Вместо него сел править брат его, Ругила.

Атилла и Адолб в это время были уже далеко от дома.

3

Круглые, как медведи, горы лежали и молчали. Потом они как будто встали на дыбы, из-под копыт у коней сыпались камни, маленькие и большие. Через день горы стали зелеными, снег исчез, везде были листья и цветы. Это не могло быть, Атилла знал, что дома еще зима, но все-таки это было, это он видел глазами. Люди здесь жили в домах из камня, лица у всех были голые одинаково у мужчин и женщин, они говорили, как птицы, но Адолб умел говорить с ними и смеяться. Атилла молча пожирал их глазами, как мясо ртом.

Они ехали, почти не останавливаясь. Как Адолб, как все, Атилла умел спать, положив голову на шею коня. Ночи и дни падали, как дождь, сначала были крупные отдельные капли, потом они слились, все стало сплошным. Плечи Атиллы болели как от тяжести, он был полон до краев. Когда однажды ночью они въехали в город и Адолб сказал: "Это Рим", Атилла только кивнул, в него уже ничего более не могло войти. Он упал на постель, раздавленный сном, он спал как камень всю ночь, днем проснулся, только чтобы проглотить что-то и снова спал до утра. Его разбудил шум, чужой, огромный, железный, каменный, все дрожало.

Они вышли. Было еще рано, земля была мокрая. Но это

была не земля, это был камень, гладкий, как черный лед. Кони Адолба и Атиллы боялись идти по нем, они храпели, косили глазами, и Атилла смотрел на все искоса, углом глаза, как его конь. Улица шла вниз, лошади, скользя, садились на задние ноги.

Их обогнали носилки, занавеси были подняты. Атилла увидел внутри человека с голым, бледным лицом — он лежал. И еще другие носилки, там лежал огромный, распухший как тесто человек, громко дыша. Потом носилок стало много, занавеси были красные синие с золотом и желтые, там тоже лежали люди. Атилла спросил Адолба: "Они не ходят — они все больные?" Адолб посмотрел на него одним глазом и подумал, потом сказал: "Они — богатые". Но Атилла видел их лица, он знал, что они больные. Он сжал ногами коня, он почувствовал, что у него ноги крепкие, ему стало весело. Он ударил свою лошадь, она поднялась на дыбы, люди внизу, пригибаясь, бросились в стороны. Адолб крикнул ему: "Тише! Ты забыл, где ты?" Они поехали тихо. На них смотрели. Атилла увидел слепого, который нес розовую птицу, птица что-то кричала человеческим голосом, но Атилла не удивился, как он ничему не удивлялся во сне.

Они слезли с лошадей, перед ними были золотые ворота. Золото ослепительно блестело; Атилла зажмурился, Адолб толкнул его: "Да смотри же, ты! Это — дворец, здесь император". Сердце у Атиллы понеслось, он знал, что император — это как его отец, как Мудьюг, такой же большой и сильный. Он вспомнил, как отец взял его тогда за шею и приковал к стене, как железом. И как тогда, он стиснул зубы, он почувствовал, что щеки у него стали твердыми и сердце пошло ровно, как лошадь.

Он открыл глаза. Перед золотыми воротами тесно, как стадо, стояли люди с голыми как у женщин лицами и с голыми ногами, без штанов. Одежда была у всех одинаковая, белая с красными полосами внизу, и Атилле показалось, что у всех одинаковые, как их одежда, лица. "Сенаторы",— шепнул ему Адолб. Это слово было пустое, как орех, в который можно свистеть, внутри этого слова для Атиллы ничего не было. "Хун!

Хун!" — услышал он их голоса и понял, что это про Адолба и про него, все показывали пальцами на их кожаные штаны и смеялись. Однажды дома на двор к ним пришел старик сверху, из лесов, он привел на цепи медведя, медведь плясал на снегу, все смотрели, мальчишки снизу тыкали в медведя палками. Вот так же было теперь. Атилла оскалил на сенаторов зубы, нагнул голову, как бык. Адолб схватил его сзади за плечо, Атилла крикнул: "Пусти!", но Адолб держал крепко, он повернул Атиллу лицом к воротам, и Атилла забыл о медведе.

Ворота теперь были открыты, там стояли большие золотые солдаты, на солнце блестели их мечи. Один стоял впереди, у него было жирное лицо старухи, и под его одеждой, как спрятанный круглый хлеб, выпирал живот. Он отрывал от кисти синие ягоды и ел их. Сенаторы подходили к нему поодиночке, они все одинаково улыбались. Атилла вспомнил, как улыбались собаки отца, когда он бросал им мясо. Солдат со старушечьим лицом ощупывал поверх одежды каждого из подходивших, они стояли перед ним, подняв руки. Атилла посмотрел на Адолба, спрашивая его глазами. "Он ищет, нет ли у них оружия, — ответил Адолб, — чтобы они не могли с оружием прийти к императору" — "Он боится? Он не может бояться", — сказал Атилла. Адолб прищурил свой глаз: "Я не знаю. Но у них делают так".

Солдат начал ощупывать Адолба, лицо у Адолба стало красное. Атилле стало жарко, он услышал, как у него задрожали плечи и руки, он крикнул Адолбу: "Я не дамся, я ударю его ножом!" Адолб что-то сказал солдату. Сморщенные старушечьи губы сплюнули от синей ягоды, потом какое-то слово. Он вынул из-за пазухи кисть ягод, дал Атилле и толкнул его вперед. Атилла, все еще дрожа, пошел рядом с Адолбом, Адолб вытирал пот со лба, Атилла бросил ягоды на пестрые, блестящие камни и наступил ногой, так что брызнул сок, похожий на кровь.

Они вошли в комнату. Но это не была комната, это было как дом бога с двумя головами, где старик мел зеленым веником пол и где однажды девушки тащили на веревке огромный хлеб. Это все было далеко позади, из всего прежнего сюда пришел только Адолб, это было последнее, и Атилла крепко держал его руку. Нагнув голову набок, одним глазом, как смотрят птицы, Адолб смотрел на потолок. Там были золотые звезды, и люди с крыльями, и какой-то голубой дым.

Атилле было трудно дышать, он посмотрел: сзади, на низком столбе из розового камня, стояла чаша, оттуда шел дым. Атилла расширил ноздри и вдохнул, это не пахло ни огнем, ни зверем, ни людьми, это было не настоящее, противное.. Он нагнулся и плюнул в чашу, чтобы потушить то, что там горело. Адолб больно дернул его руку и испуганно покосился: не видел ли кто? К ним уже бежал маленький горбун с синей перевязью через плечо. Он заговорил с Адолбом по-римски. Атилла смотрел. Руки у горбуна были длинные, белые как корни. Вдруг он повернул лицо к Атилле и сказал ему обыкновенными, понятными словами: "Так ты сын Мудьюга? Император будет доволен, он сейчас выйдет". Он пошел, но тотчас же вернулся и сказал Атилле: "Ты не бойся". Он положил на плечо Атилле свои длинные белые пальцы. Атилла стряхнул их. "Я не боюсь!" Нагнув голову, он смотрел на горбуна, они были одинакового роста, глаза у горбуна были теплые. Он улыбнулся и хотел говорить еще, но за высокими дверями из другой комнаты послышался шум, сенаторы встали.

Атилла ждал — ушами, глазами, как на охоте, когда под его рукою была туго натянутая тетива. Ему показалось, что за дверью крикнул петух, это не могло быть, он сделал свое ухо острым и после этого уже ничего не услышал, кроме человеческих голосов. Двери открылись.

Вошел огромный в золотом панцире человек, в голой руке он держал меч, рука была налита силой, он был на голову выше Мудьюга. За ним шел какой-то небольшой человек, потом тот солдат со старушечьим лицом и еще много людей. Атилла, не отрываясь, смотрел на великана с мечом, это был он, он! "Это — он?" — потянул он за руку Адолба, но Адолб не ответил, он тоже смотрел. Сердце у Атиллы мчалось.

Император, держа меч, поднялся на ступени, теперь он стал еще выше. Там стояло кресло, на нем сверкали маленькие солнца, как в росе утром. На кресло сел небольшой человек в красной одежде. "Вот он, император Гонорий, он на троне, он сел, видишь?" — шепнул Адолб. Атилла смотрел, не веря. У этого человека было белое, сонное лицо и маленький кривой рот, сдвинутый влево, от этого казалось, будто что-то болит. Человек в золоте с мечом, огромный как Бог, стал позади трона. Тогда Атилла поверил, что тот, другой, который сидел, был император.

Белые сенаторы поднимались к трону, согнув голову. Император обнимал и целовал каждого из них и что-то говорил каждому, не глядя, сонно. Солдат со старушечьим лицом стоял сбоку, прислонившись круглым животом к трону. Сенаторы, проходя, улыбались ему. Потом внизу перед троном стал юноша, по лицу у него катился пот, большие красные руки дрожали. Он стал говорить императору нараспев, в нос, он говорил один, все молчали. Адолб сказал Атилле: "Он читает стихи". Атилла не понял. Тогда Адолб сказал: "Он хвалит императора, он говорит, что император — самый мудрый и самый сильный из всех людей". Атилле показалось, что Адолб смеется над ним, он хотел рассердиться, но не успел.

Двери из соседней комнаты снова открылись, оттуда вышел старик. Он был высокий, строгий, с серебряными волосами, все на него смотрели. У него в руках был большой белый петух с толстым красным гребнем, сзади гребня была подвязана маленькая золотая корона. Нагнув голову вбок, петух сердито глядел желтым глазом и, не переставая, кричал "Ко-о! Ко-о! Ко-о!"

Император как будто только теперь проснулся, он быстро встал с трона и взял на руки птицу. Его маленький рот, улыбаясь, еще больше сдвинулся влево, он целовал петуха сзади короны и теплым голосом говорил ему: "Рим, мой маленький Рим, ты хочешь кушать, да?", и петух отвечал императору: "Ко-о! Ко-о!" Поэт, который хвалил императора, торопливо сунул большую красную руку к себе за пазуху и потом подставил ее петуху, на ладони были зерна. Петух, склонив голову набок, взглянул желтым глазом и стал клевать зерна. Сенаторы, толкаясь, тоже протягивали ладони, у одних были зерна, у других куски мяса. Петух, жадно глотая мясо, дергал шеей, его красный гребень и золотая корона вздрагивали. Было тихо, как в доме Бога. Золото блестело. Из чаш на розовых столбах шел голубой дым. Атилла смотрел на петуха, на императора, на протянутые ладони. У него вдруг затрясся живот, как бывало раньше, когда Куна шутя щекотала его, и он громко засмеялся.

Все сразу повернулись к нему, лица у всех были испуганные. Император смотрел на Атиллу, глаза у него были большие и холодные, как вода. Атилла сделал свою шею железной, он выдержал эти глаза. Император отвернулся и, кривя рот, сказал что-то горбуну. Горбун подбежал к Атилле и взял его за руку: "Иди! Иди отсюда скорей!" Через узенькую дверь он втащил его в длинный коридор. Адолб шел за ними. Со стен смотрели головы людей пустыми глазами, у них были ямы вместо глаз. Здесь пахло хорошо, это был запах кожи, тут стояли кожаные красные сундуки возле стен.

Горбун, запыхавшись, сел на сундук, и Атилла сел рядом с ним. Адолб нагнулся, его единственный глаз был желтый и злой. "Как у петуха!" — сказал Атилла и опять, вспомнив, стал смеяться. "Дурак! Молчи! — Адолб стиснул его плечо.— Если ты так будешь и дальше..." — "Мне хочется смеяться",— сказал Атилла. "Нельзя! — голос у Адолба был злой.— Здесь нельзя, это — не дома". Горбун посмотрел на Атиллу теплыми как шерсть глазами. "Здесь нужно лгать, мальчик",— сказал он. "Что это — лгать?" — спросил Атилла. Горбун обернулся к Адолбу: "Объясни ему ты". Адолб сказал: "Ты помнишь — мы ходили на лисицу? Ты помнишь — мы смотрели ее следы?" Атилла увидел гладкий голубой снег, и на нем — чуть посинее — следы лисьих пальцев, следы были вывернутые, лисица бежала, пятясь задом. "Она пятилась, чтобы обмануть собак,— продолжал Адолб.— Здесь кругом тебя собаки, помни это". Атилла кивнул молча, теперь он понял.

Горбун встал и пошел, качая длинными белыми руками. Он привел Атиллу и Адолба в комнату с большим окном, на окне были прозрачные, красные, желтые, синие звери и люди, но через окно ничего нельзя было увидеть и стены были из

62

больших камней. "Ты будешь жить здесь", — сказал горбун. Адолб молчал, он стоял, отвернувшись, постукивал согнутым пальцем в стену, толстые камни глотали стук. Потом горбун снова повел их, и они вошли в другую комнату, там не было окон, были только стены, но было светло, солнце падало сверху. Здесь были мальчики и юноши, их было десять или немного больше. Атилла не мог сразу взять их всех в себя, он только запомнил, что все были одеты по-римски, а на одном были черные штаны. Они все говорили вслух и теперь сразу замолкли.

К Атилле подошел человек в запачканной белой одежде, его желтая лысина блестела, все лицо шевелилось и будто ползло на Атиллу. "Это Басс, учитель", — сказал Атилле горбун, потом Атилла услышал чужие римские слова и среди них имя своего отца, Мудьюга, и свое имя. Все столпились вокруг него и ощупывали, трогали его глазами.

Он увидел, что Адолб уходит вместе с горбуном. Он хотел крикнуть. "Адолб, не уходи!", но он запретил себе. Они ушли. Атилла остался один. Кругом были чужие стены и люди. Нагнув голову с двумя торчащими, как рога, вихрами, он стоял и ждал. Басс положил ему на плечо руку, Атилла сделал движение плечом, чтобы рука ушла, но она осталась.

4

Каменная река Рим ревела неумолимо всю ночь, и от этого сон был непрочный. Утром зазвонили в церкви. Ослик под окном мелко просыпал копыта по камню, потом закричал так, как будто вспоминал, что загублена вся его жизнь. И от этого отчаянного вопля Приск проснулся.

Он несколько мгновений растерянно, близоруко смотрел, не понимая, где он. Кто-то дышал рядом. Не поворачивая головы, только скосив глаза, Приск увидел голое плечо, маленькие груди, накрашенные соски смотрели в стороны, как раскосые глаза... Приск сразу вспомнил все. Он покраснел так, что кровь загудела у него в ушах. За этим ли он ехал из Константинополя в Рим? Что сказал бы Евзапий, если бы узнал об этом?

В Константинополе все профессора считали Приска тупицей и лентяем. Этот толстый, неуклюжий юноша думал на лекциях неизвестно о чем, отвечал невпопад, над ним потешались. Так было, пока однажды он не услышал историка Евзапия. Евзапий говорил не об атомах, не о законах стихосложения, не о модной философии Платона, но о том самом, о чем мучился Приск. В конце лекции Евзапий открыл книгу и прочитал оттуда: "Постыдимся хотя бы зверей. У зверей все общее: и земля, и источники, и пастбища, и горы, и леса. А человек делается свирепее зверя, говоря эти холодные слова: "То твое, а это мое". На другой день по приказу Константинопольского префекта Евзапий был арестован. Евзапий, улыбаясь, показал префекту книгу, тот увидел, что преступные слова принадлежат святому Иоанну Златоусту. На первой лекции Евзапия после его выхода из тюрьмы студенты неистовствовали, своими рукоплесканиями они долго мешали ему начать.

После лекции Приск пошел за Евзапием к нему домой и говорил с ним, пока не стало совсем темно. Утром он написал отцу, что больше не хочет брать у него денег, и с тех пор жил перепиской книг. Он стал любимым учеником историка. Через три года Евзапий умер, завещав ему сделать то, что не успел сделать сам: написать книгу об этих великих и страшных годах, быть может последних, когда, шатаясь, еще стоят обе империи — византийская и римская. Он оставил Приску немного денег, чтобы тот мог поехать и увидеть Рим. Приск ехал туда в полной уверенности, что будет смотреть на все глазами врача, который исследует больного И вот, вместо этого, на другой же день после приезда он проснулся в постели у этой женщины!

Это была первая женщина в его жизни. Он не знал, кто она, не знал даже ее имени. Она была еще почти девочка, ей не было больше семнадцати лет. Но эта девочка ночью учила его таким вещам, что он сейчас стыдился своего тела, рук, рта. Под окном опять отчаянно закричал ослик. Приск решил уйти сейчас же, пока она еще спит. Но сколько оставить ей денег? Это были деньги Евзапия... Кровь зашумела у Приска в ушах.

Он увидел седую голову учителя, его бедную одежду, чернильные пятна на ней. Странно, но это было так: не будь этих чернильных пятен, Приск наверное не оказался бы здесь.

В день приезда Приск сразу же, с утра, пошел в публичную библиотеку на Трояновой площади. Он наслаждался самым запахом, видом книг, скрипом перьев. Он опомнился только тогда, когда сторож подошел и сказал, что читальный зал закрывается. На улице было уже темно. Приск вспомнил, что у него есть рекомендательное письмо к профессору логики Бассу. Он еще весь был полон книгами, идти ему туда не хотелось, но он решил, что надо.

Басса он застал запирающим дверь своего дома и обрадовался, что можно уйти. Но Басс сказал, что не отпустит его: они должны поужинать вместе у "Трех Моряков", это теперь самое модное место в Риме. Приск смутился, стал отказываться: он недостаточно хорошо одет, чтобы идти туда. Басс засмеялся. Приск увидел его небрежную, запачканную чернилами одежду, точь-в-точь как у Евзапия. Ему сразу стало хорошо с этим человеком, он сказал: "Если так — я согласен".— "Что "если так"?" — переспросил Басс. Приск не мог объяснить, он покраснел. Басс с любопытством смотрел на этот девичий румянец, он предвкушал на сегодняшний вечер редкостное удовольствие.

Они спустились на мост. Внизу в черном зеркале лежал опрокинутый Рим: многоглазые с красными освещенными окнами дома, белые и круглые от цветов деревья, темные дворцы. Все покачивалось, непрочное, каждую минуту готовое исчезнуть без следа. Приск заговорил о том, зачем он приехал сюда, он с жаром стал рассказывать о своей будущей книге — и вдруг остановился, почти испуганный тем, что он увидел на лице Басса. Это не была улыбка, его губы были неподвижны, но множество, десятки улыбок шевелились всюду на этом лице. Приглядевшись, Приск понял, что это было просто движение его бесчисленных морщин. "Мы пришли",— сказал Басс. Он откинул красную занавеску, освещенную изнутри, и толкнул Приска вперед.

Приск остановился на пороге, он не верил глазам. Он приготовился увидеть ту самую римскую роскошь, о которой ему столько говорил Евзапий, о которой он читал у Ювенала, Сенеки, Плиния, Аристида. Вместо этого перед ним был подвал с закопченным потолком, задыхающиеся в чаду лампы, грязные деревянные столы, какие-то разбойничьи рожи, отрепья. У самого входа сидел матрос с завязанным глазом. Рядом с ним на скамье, шатаясь, стояла пьяная девка. Она мутно взглянула на Приска. "А, сосунок! На, возьми!" — она быстро нагнулась и сунула в лицо Приску голую, остро пахнущую грудь. Приск отстранился. Женщина потеряла равновесие и упала, ему пришлось поддержать ее. Она повисла на нем, он не мог от нее освободиться, она крепко обнимала его тело голыми ногами, скрестив их у него за спиной. Кругом хохотали. Матрос ударил девку, она отпустила Приска и снова влезла на скамью. Приск растерянно огляделся кругом, ища глазами Басса.

Теперь он был сбит с толку еще больше: среди бродяг, матросов, проституток он увидел за столами богато одетых людей, блеснули перстни на тонких женских пальцах. К матросу с завязанным глазом подошла женщина в черном без всяких украшений платье, у ней был только тяжелый золотой обруч на шее. Матрос посадил ее к себе на колени, обхватил ее шею рукой и медленно стал сжимать. Женщина забилась, захрипела, Приск не выдержал и, сжав кулак, шагнул к матросу, но почувствовал сзади его схватили за руки. Это был Басс. "Не мешай, она это любит",— спокойно сказал он. "Любит?" — "Да. Это дает ей аппетит для игры в постели". Приск начал медленно краснеть. Морщины на лице Басса зашевелились, поползли, подкрадываясь — и вдруг он огорошил Приска вопросом: "Скажи, сколько женщин было в твоей жизни?" Приск молчал. "Ни одной?" Приск покраснел до того, что у него выступили слезы. Ему было стыдно сказать правду и стыдно было своего стыда, он ненавидел сейчас этого улыбающегося римлянина, его ласковый голос, его прищуренные глаза.

"Басс! Басс!" Кругом хлопали, кричали, что Басс должен произнести речь. "О чем же?" — спросил Басс. В своей чаше с вином он увидел жирную зеленую муху, вынул ее и сказал: "Хотите об этой мухе?" Все захохотали. "Вы смеетесь напрасно: эта муха достойна уважения не менее, чем я — или чем вы, дорогие мои слушатели."

Это была его обычная манера: он мог взять любой, попавшийся ему на глаза предмет и логикой извлечь оттуда самые неожиданные выводы. Он мгновенно сделал из мухи совершеннейшее из Божьих творений. Разве от мухи не рождаются черви, мудростью Творца предназначенные для истребления падали? Разве сам он, Басс, и все присутствующие — это не великолепные, жирные черви, пожирающие останки Рима? Он не щадил никого, черви корчились от его беспощадных похвал, но они должны были смеяться, они смеялись.

Приск забыл, что минуту назад он ненавидел Басса. Сейчас он наслаждался игрой его морщин, его голосом он любил чернильные пятна на его одежде, этот человек другими словами говорил то же, что когда-то говорил Евзапий.

Неожиданно Приск услышал свое имя: каким-то необъяснимым поворотом логики Басс от мухи перешел к Приску. Играя десятками улыбок, он предложил выпить за успех своего молодого друга, который привез прекрасным римлянкам редкостный дар. Он сделал паузу. "Какой? Какой дар?" — закричали кругом. "Свою невинность", — ответил Басс.

Рукоплескания, возгласы, смех оглушили Приска. Он вскочил, чтобы бежать отсюда, но уже был окружен, перед ним была ограда из любопытных женских глаз, раскрытых губ, улыбок. Чьи-то надушенные руки влили ему в рот вина, его обожгло, он проглотил. Пятясь, он отступал куда-то, пока не наткнулся на барьер, это была маленькая ложа, отделенная от подвала занавесками. Занавески чуть раздвинулись, мелькнули раскосые глаза и тотчас же исчезли. Приск увидел бегущую по барьеру крысу. Женщины испуганно кричали, поднимали платья. Крыса спрыгнула на пол, кинулась в какую-то раскрытую дверь в глубине подвала — и туда же стремглав выбежал за нею Приск.

Он очутился на дне узкого каменного колодца, в черном квадрате вверху близоруко, растерянно мигали звезды. Это был грязный дворик, пахло помоями, мочой. В углу цвело дерево, Приск удивился, когда сквозь вонь до него дошел нежный, сладкий запах. Он обошел двор кругом, он хотел выйти отсюда так, чтобы не возвращаться в подвал. Рядом с той дверью, через которую он попал в этот дворик, Приск увидел темную, низкую арку. Приск нагнулся и пошел туда, ощупывая руками шершавые кирпичные стены.

Вдруг его рука наткнулась на что-то теплое и мягкое. "Ты хочешь выйти отсюда? Иди за мной". Она взяла его за руку и повела. От нее пахло сладкими духами и еще чем-то, похожим на запах птицы. Через несколько шагов она опять засмеялась в темноте: "Я была уверена, что ты пойдешь здесь".

Они вышли на улицу. У выхода ждали два раба, один поднял фонарь и осветил женщину. Приск увидел ту, которая его вывела. У нее были пушистые, чуть раскосые глаза. Сквозь тонкий шелк платья смотрели в сторону острия широко раздвинутых, тоже как будто раскосых грудей. "Если хочешь, рабы отнесут и тебя", — предложила она, влезая в носилки. Приск хотел сказать "нет" — и сам удивился, когда услышал, что сказал "да". Осторожно, стараясь не коснуться ее, он лег рядом с ней в носилки. Деревянные жалюзи с треском упали.

Ремни носилок поскрипывали в такт шагам рабов. В темноте блестели ее зрачки, все было полно ее запахом. Должно быть, один из носильщиков споткнулся: носилки накренились. Чтоб удержаться, Приск уперся рукой — и сквозь шелк его ладонь обожгло нежное острие, он испуганно отдернул руку. Тотчас же он услышал, как его спутница часто, неровно задышала, как от быстрого бега. Приск понял это дыхание, сердце у него неистово заколотилось. Он почувствовал: к нему прижались теплые, круглые колени. Потом началось что-то похожее на неожиданное падение с горы, когда больно, весело и все равно, что будет внизу.

Приск осторожно, чтобы не разбудить ее, слез с постели. Кругом все было незнакомое, было несколько дверей. Он смутно помнил, как ночью она пошла в ванну и сказала ему, чтоб он шел за нею и смотрел. Он отыскал эту дверь, пустил в мраморный бассейн горячую и холодную воду и стал быстро мыться, весь, с ног до головы. Из спальни он услышал смех, это была она. Приск замер так, как стоял: с поднятыми руками, в них таз, полный воды. Он со страхом ждал, что сейчас она позовет его или войдет сюда, но ни того, ни другого не случилось. Тогда он быстро вылил на себя воду, почти не вытираясь, оделся и с забившимся сердцем открыл дверь в спальню.

Там никого не было, только пахло духами и еще чем-то, похожим на запах птицы. На мраморном столике, рядом с деньгами, оставленными Приском, лежало несколько золотых монет, это было вдесятеро больше того, что хотел заплатить ей Приск. Что это значит: что он оставил ей мало — или это была ее плата ему? Весь красный, зажав в руке золото, Приск выбежал из спальни, чтобы сейчас же отыскать женщину и отдать ей эти деньги. Он пробежал через небольшую приемную, дальше за дверью оказалась площадка и лестница вниз. На площадке было открыто окно, слышно было, как звонили в церкви напротив. У окна стояла маленькая седая старушка и молилась, у ее ног лежал веник. Приск подошел к ней: "Где твоя госпожа?" — "Это не моя госпожа. Молодая дама заплатила за комнату и ушла. Здесь гостиница".— "Куда ушла? Ты не знаешь, где она живет?" — "Нет, господин, не знаю". Старушка начала мести пол, Приск растерянно смотрел, как двигался веник. Но, может быть, еще не поздно, может быть, удастся догнать ее на улице? Приск побежал по лестнице вниз.

Пронзительно, как птицы в ветер, кричали торговки. Цирюльники колотили в поднятые над головами медные тазы. Гремели по камням телеги, на них, бесстыдно раскинув ноги, лежали бычьи туши. Улица кружилась, неслась, человеческие лица мелькали, жили один миг, чтобы сейчас же утонуть навсегда. Той, которую искал Приск, нигде не было видно, она исчезла.

Внезапно грохот телег замолк. На передней кучер, оскалив зубы, стегал лошадь так, как будто хотел ее убить, но проехать все же не мог: впереди был затор, люди стояли плечом к плечу, один влез на ступеньки, что-то читал. Приск подошел.

К двери был прибит большой белый лист, это была только что вывешенная официальная газета. "Не все слышали, еще раз!" — закричали голоса. Человек с длинной, гусиной шеей начал читать снова. Никаких оснований для тревоги нет. Возле Орелиана крестьяне взбунтовались из-за налогов, но они окружены императорским войском. Завтра обычной выдачи хлеба не будет... Толпа глухо заворчала, но человек с гусиной шеей, читая, повысил голос: "Ваш хлеб съедают иностранцы. По приказу префекта, все иностранцы, кроме медиков и учителей, будут высланы из Рима..."

Толпа зашевелилась, захлопала, закричала. "Правильно!" — "Вон их!" — "Они жрут наш хлеб!" Молодой курчавый еврей, обвешанный медными кувшинами нырнул в переулок, вся толпа с ревом бросилась за ним. Было слышно, как медные кувшины звякнули о камень. На ступеньках возле газеты было теперь пусто. Приск поднялся и прочитал в самом конце сообщение что варвары под предводительством Радагоста вторглись в Империю.

К полудню это знали все, но об этом говорили только молча, глазами, об этом старались забыть. Все было так, как будто ничего не случилось. Солнце, не оглядываясь, летело, сотни солнц сверкали в золоте, в камнях, ожерельях, браслетах у ювелиров на Виа Сакра. Тонкие, шелковые женщины останавливались перед витринами. Они вели на привязи маленьких собачьих уродов, это было в моде. На углах у меняльных контор нельзя было пройти, здесь была лихорадка, курс римских денег сегодня понизился, здесь покупали и продавали. Татуированный, голубоглазый островитянин из Британии медленно шел через толпу. Его окружили, замелькали поднятые кулаки. "Вон! Вон из Рима!" Он хладнокровно обвел кругом голубыми глазами и спокойно пошел — так, как будто перед ним никого не было. Толпа опешила, расступилась перед ним.

Приск бродил по городу весь день и жадно собирал все в себя, это были зерна, из которых вырастет его книга. Перед сумерками пошел теплый весенний дождь, на Марсовом Поле сладко задышали белые от цветов деревья. Бесконечные галереи быстро заполнялись людьми, гуляющие спасались от дождя. Женщины смеялись, в тонких намокших платьях они были как раздетые. Приску почудилось, что он услышал запах знакомых духов. Наступая на ноги, он догнал женщину, заглянул ей в лицо. Это была не она, не та.

Разбрасывая лужи, по аллее Марсова Поля скакал всадник. Он был весь в грязи, в крови, одна рука у него была забинтована Это был солдат, оттуда, с полей, где сейчас, быть может, решалась судьба Рима. Из галереи все бросились к нему, под дождь. Он остановил лошадь и что-то говорил. Приск уже не слышал, ему пришло в голову, что он может узнать что-нибудь о своей незнакомке там, где они были вчера с Бассом, он побежал туда.

У "Трех Моряков" было еще пусто. У откинутой занавески на пороге сидела вчерашняя девка. Но она была совсем другая, она чинила одежду, она походила на чью-то жену или сестру. Она позвала матроса с завязанным глазом. Приск, краснея, спросил у него о той, которая вчера была в ложе. Матрос ничего о ней не знал. Тогда Приск медленно пошел домой.

Его комната была высоко. Поднимаясь, он машинально считал ступени, все время без слов думая о другом. Он загадал, что если будет больше двухсот, то... Ступеней было двести пять. Он сразу успокоился, ему показалось, что теперь все будет хорошо. Торопливо он зажег лампу и сел, чтобы записать все, что видел. Большая муха, жужжа, билась о потолок, и будто от этого Приск никак не мог найти нужные слова. Он решил начать с цифр, собранных вчера днем в библиотеке, и записал:

"В Риме живет до двух миллионов людей. Здесь 46 000 домов с наемными квартирами, 1790 дворцов, 850 бань, 1352 бассейна с фонтанами, 28 библиотек, 110 церквей, 2 цирка, пять театров. В одном только амфитеатре Тита вмещается до 80 000 человек. И никто не мог назвать число статуй, иные считают, что их более 10 000, но мне показалось, что их в городе столько же, сколько живых людей. Многие статуи лежат разбитые в куски недавним землетрясением. Равным образом и многие живые люди..."

Жирная зеленая муха ползла по столу к лампе. Приск взглянул на нее и тотчас же увидел медленно шевелящиеся морщины на лице Басса, потом мелькнула крыса, в отверстии занавески — раскосые глаза, темный двор с деревом в углу, шершавые кирпичные стены. Пальцы Приска, отдельно от него, вспомнили то горячее и мягкое, на что он наткнулся, ощупывая кирпичи. Все цифры исчезли, он ничего больше не мог написать.

Он потушил лампу и высунулся в окно. Каменная река Рим шумел не замолкая. В темноте стояли деревья, белые от цветов, они походили на женщин в ночной одежде. Сюда, в окно, доходило их сладкое дыхание, смешанное с нечистым запахом города.

Приск лег в постель, уверенный, что ему не удастся заснуть, но заснул сейчас же. Утром он встал свежий, новый, как будто выздоровевший от тяжелой болезни. Он пошел в публичную библиотеку и начал там работать, но во время работы ни на минуту не переставал думать о ней, сам этого не сознавая. Так бывает иногда в море: прохладная, прозрачная вода наверху, а под ней — другое, мутное и теплое течение, невидимое для глаза.

И вдруг это течение со дна поднялось вверх: неожиданно для себя самого Приск закрыл книгу с совершенно готовым решением — немедленно идти к Бассу, он один мог знать, кто ока и где ее найти.

Приск долго стучал в дверь к Бассу, все сильнее, все нетерпеливей. У соседей открывались окна, оттуда смотрели с любопытством. Приск ушел, не достучавшись. Он несколько раз возвращался сюда в следующие дни, но никогда не заставал Басса дома. Однажды наконец дверь ему открыл глухой старик с красными, больными глазами. Старик с трудом понял, что нужно Приску, и сказал, что каждое утро Басса можно найти в императорском дворце, где он занимается с учениками.

5

Их было тринадцать: бургунд, вестгот, каледонец, бреон, франк, лонгобард, сакс, баювар, аллеман, бритт, иллириец, перс — и хун, сын Мудьюга, Атилла.

Они считались гостями императора. Дворцовые стены крепко обнимали их, так что они никуда не могли уйти. Сначала они чувствовали это, они вспоминали свои леса и степи, потом они видели это только во сне, а потом и самые их сны становились римскими. Тогда наступало счастье. Августейший хозяин был щедр к ним. Их учили лучшие учителя Рима. Они получали еду с императорской кухни. Они могли есть сколько угодно, они жирели. Горбун пускал для них в ход огромный водяной орган, и под музыку они переваривали пищу. На большом дворе был обозначенный красным песком круг, они могли скакать по этому кругу на лошадях. Они гуляли в императорском парке, там все стены были прикрыты розами. У входа большая удобная клетка, по ней, не переставая, взад и вперед, ходил волк.

Когда мимо его клетки шел Басс, волк, щеря зубы, кидался на прутья клетки, шерсть у него на шее вставала дыбом. Может быть, это было потому, что Басс часто появлялся не один, а вместе с Пикусом, своей обезьяной.

Басс любил обезьян. Он уверял, что мог бы сделать из них достойных римских граждан, если бы ему дали для этого достаточно времени и денег. Он доказывал, что Бальбурий Медиоланский ошибался, когда видел в обезьянах человеческое прошлое напротив — это будущее человека. Если Басс оставался во дворце обедать со своими питомцами, он сажал Пикуса по правую руку от себя и разговаривал с ним. Пикус умел все есть и умел пить вино. "Знаешь, Пикус,— говорил Басс,— чтобы иметь женщин, тебе не хватает только одного: денег". Ученики Басса смеялись и хлопали. Они были счастливее Пикуса: Басс сам выбирал для них женщин и сам оплачивал их из сумм, отпущенных ему на воспитание юных варваров.

Они обожали его, они хотели быть как он, но знали, что это невозможно: к нему, как к Богу, можно было стремиться, но достигнуть его было нельзя. И они боялись его, как Бога, хотя он никогда не наказывал никого из них. Если он бывал кем-нибудь недоволен, он за обедом начинал говорить о нем. Басс не говорил ничего дурного, напротив — он хвалил. Тонкая сеть морщин на его лице шевелилась едва заметно, но пойманный в эту сеть не знал куда деваться, кругом хохотали, он сидел красный, весь исхлестанный смехом, он запоминал это на всю жизнь.

Из всех тринадцати только двое ходили не в римской одежде, а в штанах, как варвары. Эти двое были лонгобард Айстульф и хун Атилла. Айстульфу это было позволено, он должен был скоро умереть, он всегда дрожал в лихорадке. С Атиллой было иначе. Вечером перед обедом горбун принес ему римскую одежду и сказал: "Это тебе посылает император, ты будешь теперь носить это". Атилла стал смеяться, ему было смешно, он представил себе, что будет без штанов, как девка. Он пришел есть вместе со всеми, одетый как до сих пор, в своей белой рубашке и широких штанах, завязанных у щиколоток. Басс ничего не сказал, он только с любопытством посмотрел на Атиллу. Справа от Басса сидел Пикус, он тоненькими черными пальцами ловко вынимал кости из рыбы и ел ее.

Атилле было трудно есть. Пища была чужая, мягкая, надушенная, она отрыгивалась назад, но он глотал ее снова, пока она не оставалась внутри. Басс, нагнувшись, говорил с Пикусом, потом он стал говорить со всеми. Атилла тогда не знал еще римских слов, он не понимал. Но внезапно, не глядя, он почувствовал на себе глаза. Это было у него отцовское, от Мудьюга, который не глядя чувствовал всякое направленное на него острие. Все смотрели на Атиллу. Напротив него было курносое лицо толстого бритта Уффы. Его нос сморщился, он захохотал первый, а за ним все. Басс сказал еще что-то, и они уже не могли лежать за столом, они вскочили и смеялись, стоя или сидя, они сквозь слезы смотрели то на Пикуса, то на Атиллу. Тогда Атилла понял, что Басс говорил о нем, что все смеялись сейчас над ним.

Кровь с шумом наполнила его голову. Он забыл советы горбуна и Адолба о том, что здесь надо быть как лисица. Он выскочил из-за стола, его глаза были оскалены как зубы, он вцепился глазами в Басса и пригнулся, чтобы прыгнуть на него. Он не успел: все закричали, его схватили сразу десятки рук.

В тот день было тепло, обедали под большим платаном в парке. Атиллу потащили к выходу и здесь в углу, около волчьей клетки, били его, потому что он осмелился броситься на их божество. Их было много, они были сильнее Атиллы, он лежал молча. Они испугались, что он молчит, перестали бить и ушли.

Стало тихо, Атилла слышал только: кто-то часто дышит около него. Он поднялся и увидел, что сквозь прутья клетки волк смотрит на него желтыми глазами как будто молча говоря ему. Было так, как будто чья-то рука сжимала Атилле горло, ему нужно было, чтобы его коснулось сейчас теплое, каким в детстве была Куна. Он протянул руку через прутья, и положил ее на теплую шею волка. Волк вздрогнул, но продолжал стоять, его глаза были крепко связаны с глазами Атиллы. "Я его убью",— сказал Атилла. Волк, не шевелясь, как будто все понимая, слушал.

С этого дня Атилла приносил волку мясо и говорил ему то, что ему нужно было сказать вслух и что он не мог держать запертым в себе. Больше ему не с кем было так говорить, он был один, Адолб уехал домой. Уезжая, он сказал Атилле: "Помни, что велел тебе отец узнать у них все, что они знают". Атилла молча кивнул. Адолб как будто нечаянно тронул его лицо шершавой рукой и ушел.

Басс сказал горбуну-переводчику, чтобы он скорее научил маленького хуна римским словам. Для Атиллы эти слова были похожи на их еду: его уши отрыгивали эти слова, но он упрямо повторял их, пока они не оставались в нем, внутри. Скоро он знал их уже много, но они выходили из его рта жесткие как дерево, они скрипели и скрежетали. Горбуну было смешно слушать, его пальцы, длинные и белые как корни, шевелились на коленях, и он улыбался. Но улыбался он совсем иначе, чем Басс, глаза у него были теплые. Атилле захотелось говорить с ним. "Ты его любишь?" — спросил он у горбуна. "Кого?" —

"Учителя, Басса", — сказал Атилла. Пальцы на коленях у горбуна задвигались быстрее, как будто убегая, и он ответил только: "Тебе следует любить его". Атилла понял, что горбун убегает как лиса, он решил сделать то же и сказал: "Я его люблю". Горбун засмеялся: "Вот как, мальчик! Ты уже умеешь лгать?" Атилла увидел, что не умеет, ему было неприятно, как бывало раньше, когда Адолб учил его стрелять и он не попадал в цель. Это было то же самое, этому надо было учиться, как стрельбе.

Горбун занимался с Атиллой в библиотеке. Здесь были цветные окна, ковры, книги. Белые каменные головы смотрели опустошенными глазами. Рим почти не был слышен. Атилла опрокинул тишину, он ворвался запыхавшийся, крича: "Крыса! Крыса!" Император смертельно боялся крыс, если кто-нибудь во дворце видел крысу — за ней начиналась настоящая охота, пока ее не убивали. Горбун выскочил в коридор, Атилла показал ему место под красным кожаным сундуком, куда юркнула крыса. Со всех сторон сбегались люди. Атилла увидел толстого Уффу, баювара Гарицо Длинного и других, которые тогда били его в парке. Уффа, пыхтя, лежал на полу и заглядывал под сундук. Крысу так и не нашли. Ее не могли найти, потому что ее не было Атилла выдумал ее. Горбун и все поверили, это было хорошо. В следующие дни он продолжал учиться этому.

Однажды во дворце было необычное движение. Люди шептались по углам. Атилла заметил, что когда он проходил по коридору, то все провожали его глазами, он не понимал, что это значит. Он встретил в коридоре Уффу, Гарицо Длинного и беловолосого Теодорика, сына вестготского короля. У Теодорика были нашиты на одежде христианские кресты, он был самый набожный из всех. Он показал другим глазами на Атиллу, и все трое стали на его пути. "Если они будут бить..." — подумал Атилла, но не успел кончить. Гарицо Длинный нагнулся к нему сверху, положил ему руку на плечо и сказал: "Отлично, отлично! Ты, кажется, уже начинаешь говорить. Если хочешь, я буду заниматься с тобой, когда уедет горбун". Гарицо гордился тем, что он умеет говорить чуть картавя, как римляне;

он был надушен. Атилле хотелось сбросить его руку, ему был невыносим этот запах, но он уже умел многое, он не двинулся с места, он зубами улыбнулся Гарицо, Теодорику и Уффе. Но почему они так говорили с ним? Он не мог этого понять.

В библиотеке горбун сказал Атилле: "С завтрашнего дня ты начнешь заниматься у Басса и у других, ты у меня уже достаточно научился. Мне надо уехать".— "Куда?" — спросил Атилла. Пальцы на коленях у горбуна метались, дергались. Он вскочил и забегал по ковру, он говорил, может быть, не с Атиллой, а с самим собой — о том, что варварские конники уже несутся по итальянским долинам, они уже недалеко от Флоренции, и если что может теперь спасти Рим, то это только хуны... "Хуны?" — переспросил Атилла не веря. "Да, я еду к их князю Улду,— сказал горбун,— он куплен Римом, он и его войско".— "Нет!" — закричал Атилла, он повторял только одно слово, он забыл все другие. Горбун испуганно закрыл ему рот ладонью: "Не кричи, не кричи! Не надо, чтобы тебя слышали!"

Тогда Атилла понял, почему Гарицо и другие внезапно стали так ласковы с ним.

Это был тот тревожный день, когда все в Риме уже знали, что под Флоренцией начался бой. В этот день Приск пошел к Бассу в императорский дворец.

Басс был в библиотеке, он разговаривал с чернобородым врачом. В стороне, на краю огромного кожаного кресла, как зимний воробей, дрожал маленький лонгобард Айстульф, глаза у него тускло блестели. Врач тихо сказал Бассу, что мальчик проживет неделю, не больше. Басс похлопал Айстульфа по спине: "Веселей, мальчик! Тебе осталось ждать немного: доктор говорит, что через неделю твоя болезнь совсем кончится. Иди!" Доктор увел маленького варвара. Теперь Басс был свободен, он подошел к Приску и заговорил о том, о чем сегодня говорили все в городе: о приближающихся к Риму варварах.

Он как всегда шутил и улыбался. Казалось, непроницаемой сетью улыбок он был защищен от всего, он мог отшутиться от всех опасностей, страданий, может быть даже от самой смерти. Он весело сказал Приску. "Итак, мой юный друг, может быть, через несколько дней и мы, вместе со всем Римом, будем навсегда исцелены от всех болезней, как этот маленький варвар? Ты должен быть доволен: для твоей книги — это находка, ты увидишь замечательный спектакль. Снова — хаос, снова — первый день творенья. Разница от Библии только в том, что скоты окажутся созданными в первый день, а человек — может быть, потом, если у бога истории найдется свободное время, а если нет..."

Не переставая говорить, он под руку вел Приска по длинному коридору. "Вот сейчас свернем за угол — я остановлю его и спрошу о ней",— решил Приск. Когда свернули за угол, он покраснел, набрал воздуху, чтобы говорить — и не мог. Басс остановился у открытых дверей, крикнул ожидавшему на пороге беловолосому юноше: "Сейчас, Теодорик, сейчас",— и стал прощаться с Приском. У Приска на лбу выступил пот: "Если я сейчас не спрошу — конец, я уже никогда ее не найду..." Басс увидел его растерянные, что-то кричащие глаза. "У тебя ко мне какое-нибудь дело?" — "Да..." — пробормотал Приск, от стыда ненавидя и себя и Басса. "Тогда посиди на моих занятиях, когда я кончу — мы поговорим",— предложил Басс. Приск, сутулясь, пошел за ним. Он оставил дверь полуоткрытой. Беловолосый Теодорик хотел встать и закрыть ее, но не успел: Басс уже начал говорить.

Он медленно обвел глазами всех, как цепью связывая их взглядом. В углу он увидел Атиллу. Тонкая сеть на лице Басса зашевелилась. "Здравствуйте, мои юные римляне!" — громко сказал он. Он говорил так каждый день, надо было, чтобы эти варвары хорошо запомнили, что они — уже римляне. "Да здравствует Рим!" — закричали все. Атилла молчал, нагнув лоб с двумя торчащими вихрами, похожими на рога. Басс подошел к нему: "Почему ты один молчишь?" Атилла продолжал стоять все так же. "Ну, что же? Мы ждем ответа!" Все глаза были нацелены на Атиллу, он это чувствовал "У меня болит язык",— сказал он; римские слова, выходя из его рта, скрипели и скрежетали. "Болит язык? Покажи, покажи-ка, может быть, это опасно!" Басс взял Атиллу за подбородок. Тогда Атилла сжал свой язык зубами, так что сам услышал, как во рту хрустнуло.

Потом он высунул язык и показал его Бассу, по языку струилась кровь, все увидели это.

Атилла смотрел в глаза Бассу, они боролись глазами как копьями — и Басс отвернулся. Сердце у Атиллы полетело, широко размахивая крыльями, он понял, что он победил. Но это длилось только одно мгновение. Все лицо Басса зашевелилось, как клубок змей, и он сказал, уже обращаясь ко всем: "Жаль, жаль, что наш юный друг не может приветствовать Рим. Остается нам, римлянам, приветствовать его, как соотечественника хунов, которые теперь благородно сражаются за нас. И чтобы вы все знали, как Рим ценит благородство, я вам скажу, что за него заплачено тысяча пятьсот фунтов чистейшего, как это благородство, золота..."

Атилла задышал так громко, что все обернулись к нему. Уезжая, Адолб оставил Атилле свой нож, Атилла носил его на поясе под одеждой, и теперь ему казалось, что нож толкает его. Этого никто не знал, но все почувствовали, что сейчас, в следующую секунду, что-то произойдет. В тишине были слышны частые удары молотков, это работали на фабрике статуй под дворцовой стеной, молотки стучали как сердца.

Все разрешилось совершенно неожиданно: через неплотно прикрытую Приском дверь, хлопая крыльями, влетел петух императора, белый "Рим". Следом за ним в комнату вбежала девушка с протянутыми руками. Все встали: это была Плацидия, сестра императора. Ее волосы сверкали, они были огненно-рыжие и были осыпаны золотой пудрой. У нее были чуть раскосые зеленоватые глаза и будто такие же раскосые маленькие груди. "Лови его, Басс, лови!" — закричала она. Басс присел, расставив полы одежды. Петух остановился, золотая коронка у него съехала набок. Плацидия взяла его на руки, белые перья на шее у него встопорщились, он нацелился и клюнул девушку в грудь, в острый кончик, обтянутый платьем. Она повела плечами, засмеялась, раскосо посмотрела вокруг, каждому показалось, что она посмотрела именно на него.

"Это мой юный друг Приск, из Византии", — сказал ей Басс, положив руку на плечо Приска. Он почувствовал: это плечо под его рукой дрожало. Красный, полуоткрыв рот, Приск смотрел на Плацидию. "Из Византии?" — рассеянно переспросила она, раскосо скользнув глазами по лицу Приска. В это время петух снова клюнул ее в левую грудь. "Бесстыдник! Возьми его, Басс, и неси за мной, он не может спокойно смотреть на меня!" — "А ты думаешь, я или кто-нибудь из нас — может?" — играя морщинами, сказал Басс. Девушка исподлобья взглянула на него и засмеялась. Потом она быстро, остро клюнула глазами каждого из тех, кто был здесь, и вместе с Бассом вышла.

И все-таки она осталась здесь, она была в каждом (Ее запах вошел в ноздри Атиллы. Это был теплый запах ее пота, смешанный с чем-то чужим, приторным, как дыхание падали. Атилла отвернулся и перестал дышать, он умел удерживать дыхание надолго.) Гарицо Длинный облизывал губы. "У этой девочки, должно быть, волосы везде такие же золотые, как на голове. Я бы хотел полежать с ней! Даю голову на отсечение, что в этом искусстве она..."

Гарицо не кончил: что-то с грохотом упало, зазвенело. Это был столик, на котором стояла ваза. Приск задел ее, по-медвежьи, тяжело шагнув по направлению к Гарицо. Уже подойдя, он как будто вспомнил что-то, растерянно заморгал, повернул под прямым углом и выбежал в дверь.

В глубине гулкого, с огромными окнами коридора он увидел Басса, Басс передавал свою драгоценную ношу седоволосому хранителю императорского петуха. Немного подальше шла Плацидия, солнце показывало ее круглые ноги сквозь тонкую ткань. Она уже сворачивала за угол коридора, еще мгновение — и она исчезнет. "Приск, подожди — куда ты?" — крикнул Басс. Приск только взглянул на него дикими глазами и, ничего не ответив, быстро пробежал мимо.

Плацидия услышала за собой его шаги, остановилась, обернулась. Это была божественная августа, сестра императора. Она высокомерно, удивленно посмотрела на Приска. "А вдруг — я ошибся, вдруг и это только случайное сходство!" — пронеслось у него в голове. Он забыл все слова, он стоял молча, весь красный. "Тебе что-нибудь от меня нужно?" — спросила она. "Нет." — пробормотал Приск. Она пожала плечами и ушла не оглядываясь. Приск увидел, как огромная — в два человеческих роста — дверь в императорские покои открылась перед ней, потом захлопнулась. Все было кончено.

6

Три дня Атилла не видел волка. Теперь он взял спрятанный за обедом кусок мяса и пошел в парк.

Была полная луна, каменные плиты на дворе лежали мягкие и белые, как будто это был снег. Под дворцовой стеной была черная тень. Атилла шел, все время держась в тени, чтобы его не увидели часовые, они стояли у золотых ворот, один чуть слышно пел песню о том, как он рубил дерево, а из дерева потекла кровь.

Ступая неслышно как волк, Атилла проскользнул в парк. Там тоже все было белое и черное. Под деревьями, белея, стояли голые женщины из камня. Внизу из оврага был слышен женский смех, голоса, Атилла знал, что там Басс, Гарицо, Уффа и остальные играют с женщинами. Ни около волчьей клетки, ни поблизости никого не было, можно было кормить волка и чувствовать его теплоту.

Атилла вошел в черный круг дерева, под которым стояла клетка. В темноте глаза волка блестели, как два зеленых светляка. Атилла просунул мясо сквозь прутья, светляки отодвинулись, волк ворчал. "Что ты? Это я, это я",— сказал Атилла, но волк продолжал ворчать, забившись в дальний угол.

Атилла понял, что волк был злой. Гарицо и другие часто дразнили его, просовывая палки сквозь прутья — наверное так было и сегодня. Атилла вдруг громко засмеялся — и сейчас же закрыл себе рот ладонью, чтобы никто не услышал. Но он продолжал смеяться внутри, он не мог перестать, потому что он сейчас видел все, что произойдет. Он нагнулся и открыл дверь клетки. Волк, блестя глазами, сидел все так же, забившись в угол, но Атилла знал, что потом он выскочит. Внизу в овраге голос Гарицо закричал: "Лови ее, лови!"

Мягкими волчьими шагами Атилла снова прошел по белым плитам двора. Если бы это был снег, он бы скрипел под ногами. Внезапно ему так захотелось, чтобы это был снег, что ему даже стало больно внутри, он остановился. "Эй, кто там?" — крикнул часовой у ворот. Атилла быстро нырнул в тень и прижался к стене за водосточной трубой. Часовой вышел на середину двора, постоял, потом вернулся к товарищам, что-то сказал им и снова запел. Опасность миновала. Маленькая боковая дверь во дворец была рядом.

У себя в комнате Атилла стоял, не шевелясь, сделав уши острыми, как волк, чующий добычу. Он ждал, что сейчас в парке закричат, он видел, как Гарицо испуганно лезет на дерево и его одежду рвут сучья, все бегут в разные стороны, волк прыжком опрокидывает Басса...

Но в парке все было тихо. А может быть, волк из клетки выбежал не в парк, а во двор, потом на улицу — и теперь уже мчится где-нибудь по полям? Атилла побежал вместе с волком, все дальше. Ему опять стало больно внутри, потому что он увидел волчьи следы на снегу, это было уже не здесь, а там, дома. Под окном стояло дерево, сучья у него были белые и мягкие от снега. На шее лежала теплая ладонь Куны. Странник с птичьим клювом сидел у огня и рассказывал о треугольном городе...

"Императора... Где император? Скорее разбудить императора!" Красная полоска из-под двери разрезала темноту комнаты, как нож. Были слышны испуганные, задыхающиеся от бега голоса. Атилла побежал к двери и чуть приоткрыл ее. Он увидел: солдаты с факелами обступили евнуха, красный свет дрожал на его старушечьем лице. Он еле выговорил трясущимися губами: "Что? Что случилось?" Атилла знал, что: это — его волк, сейчас солдаты расскажут, что он сделал.

Но он услышал совсем другое — такое, что у него забилось сердце и он едва не вскрикнул от радости. Солдаты, перебивая друг друга, рассказывали евнуху, что они стояли у ворот, как вдруг подскочил всадник, его лошадь задыхалась, с ее губ падала пена. Всадник привез известие, что хуны изменили, они внезапно напали на римскую заставу и изрубили всех. "Это был сам Улд!" — "Они идут на Рим, утром они будут здесь!" — "Тише! Тише!" — отчаянным шепотом закричал евнух. "Где он, где этот человек?" — "Он сам ранен, он лежит на дворе..." — "Он, может быть, уже умер",— перебил другой солдат. Все замолчали. Смола с факелов, шипя, падала на пол. Евнух махнул рукой и побежал, солдаты за ним. В коридоре дворца стало темно. Раненый, привезший известие о неожиданной измене Улда, был еще жив. Он подтвердил все, что говорили солдаты. Нужно было разбудить императора, но все боялись, никто не смел входить к нему ночью. Это могла сделать только Плацидия, но что, если она сама сейчас там? Все во дворце знали, что император часто спит с сестрой.

К счастью, они сегодня спали отдельно. Торопливо закручивая вокруг головы свои рыжие волосы, Плацидия выбежала на стук в белой ночной одежде и в красных туфлях. Одна туфля зацепилась за порог и соскочила. Плацидия даже не заметила, она быстро шла в одной туфле, это увидел евнух, он сказал ей. Она, не останавливаясь, сбросила на ходу вторую туфлю и пошла дальше.

У дверей императорской спальни стоял огромный светловолосый аллеман, любимец Гонория. Плацидия вошла в спальню и сзади нее, на цыпочках, евнух. Белый мальтийский щенок императора выскочил из-под кровати и залаял. Император поднял налитые сном веки, они сейчас же снова упали. Он, не глядя, опустил руку, поднял подол Плацидии и провел рукой вверх по ее горячей, круглой ноге. "Дурак! Оставь! — оттолкнула она его руку. — Случилось несчастье"

Гонорий открыл глаза и увидел трясущиеся губы евнуха. "Рим... Рим"... — евнух не мог говорить "Что — Рим?" — "Рим — погиб!"— неожиданно громко выкрикнул евнух и заплакал. Император вскочил. Его маленький, тесный рот сдвинулся влево, глаза стали круглыми, как у птицы, собирающейся клюнуть. "Мерзавцы! — закричал он.— Обкормили? Принесите — сейчас же принесите его мне сюда!"

Евнух разинул рот, нижняя губа его висела синяя как мясо,

ему показалось, что император лишился рассудка. Потом он понял, император говорит о своем любимом петухе. "Нет, не петух! Город Рим! Империя!"— сказал евнух, с силой вталкивая в императора каждое слово. Гонорий громко, с облегчением вздохнул. "Фу как ты меня напугал! Значит, мой маленький "Рим" жив? Ну, хорошо. Тогда что же случилось?"

Евнух рассказал. Когда император наконец понял, что хуны изменили, что завтра утром они уже могут ворваться в Рим, ноги у него стали мягкими, он лег. "Как завтра? Нет, не завтра, это не может быть, это не может быть. "— растерянно повторял он, стараясь плотнее закутаться одеялом. Плацидия резко дернула его за руку: "Вставай сейчас же, слышишь?" Ее зеленые глаза кололи. Император испуганно, исподлобья посмотрел на нее и быстро спустил с кровати худые голые ноги.

Случилось так, что в тот вечер, когда Атилла выпустил волка, Басса в парке не было. Он остался дома, у него был Приск.

Приск пришел к Бассу так, как люди идут к хирургу они знают, что сейчас в их живое тело войдет нож, но уж лучше это, чем медленная, ни на минуту не умолкающая боль. Эта боль называлась Плацидией. Приск знал, что Басс поднимет его на смех, но ему надо было выкричать перед кем-нибудь свою боль, и у него никого не было, кроме Басса.

То, что он увидел у Басса, было так неожиданно, что он на время совершенно забыл, зачем он явился сюда. Он с удивлением смотрел на жалкий облупленный потолок, на брошенный на полу травяной веник, на черствый кусок сыра на столе. Басс стоял в странной позе: лицом к стене. Он не повернулся, он сказал только: "А, это ты, Приск?" — и продолжал стоять все так же. Приск растерялся. "Прости, Басс, я хотел тебя увидеть, но если..." — "Ты хотел меня увидеть? — перебил его Басс.— Так вот, смотри!"

Он повернулся лицом к Приску. Приск отступил на шаг: как, это — Басс? Да, это был Басс, его лысый огромный лоб, и на лице — та же сложная сеть морщин. Но вместо всегдашних улыбок по этим морщинам сейчас ползли вниз... слезы! Приск услышал, как Басс проглотил их, это было похоже на

84

булькание брошенного в воду камня. "Басс, это — ты?" — нелепо спросил Приск. "Да, это — я... — Басс взял отрезанный кусок сыра и внимательно разглядывал его. — Я, к сожалению, — человек. Ты, кажется, этого не думал?"

Он сел и опустил лоб на руку, в руке по-прежнему был кусок сыра. "Ничего, ничего не осталось, — сказал он совершенно спокойно. — Ни богов, ни Бога, ни отечества. Очень холодно. А у нее были теплые, живые губы, ее звали Юлия, она умерла... Моя жена умерла сегодня". — "Как? У тебя была жена?" — спросил Приск и покраснел, он вспомнил все, что говорил Басс о женщинах. Басс поднял голову, глаза у него были сухие, капли на лице как будто проступали через кожу изнутри. Он ударил кулаком по столу, кусок сыра сломался, в руке осталась только половина. "Она давно ушла от меня с низколобым кретином, цирковым атлетом, быком! Ты видел теперь, как я живу? Почему? Потому что все свои деньги я отдавал ей и ее любовнику, я содержал их обоих. Но зато хоть изредка она позволяла мне приходить к ней, а теперь..." Он стал внимательно разглядывать корку сыра, которую все еще держал в руке, вдруг бросил ее на стол и вышел, захлопнув за собой дверь.

Приск стоял, ошеломленный, и думал без слов, глядя перед собой на стену и ничего не видя. Потом он разглядел на стене картину в золотой засиженной мухами раме: Пасифая, стоя на четвереньках, отдавалась быку, ее лица не было видно, оно было закрыто ее распущенными волосами. Приску показалось, что если бы можно было откинуть назад эти волосы, то он увидел бы знакомые раскосые глаза. Под картиной стояли на столике водяные часы — две стеклянных змеи, соединившихся жалами. Время текло в них тоненькой голубой струйкой. Басса все не было.

Когда он вернулся, тот новый, неожиданный человек, который на мгновение мелькнул Приску, уже исчез: теперь это был прежний, беспощадно улыбающийся Басс. "Не правда ли — это было смешно? — сказал он. — Я отлично помню: у меня в руке все время был кусок сыра... — он засмеялся. — В сущности, все обстоит превосходно: я сразу разбогател, мне теперь уже незачем тратить себя на обтесывание кретинов. Впрочем, нет, это меня забавляет. Там, во дворце, у меня есть молодой хун, он держится крепко, но я добьюсь своего!"

Басс говорил очень быстро, глаза у него блестели как будто его сжигала такая же смертельная лихорадка, как маленького лонгобарда Айстульфа. В руке он держал небольшую серебряную коробку — как раньше кусок сыра. Он заметил, что Приск смотрит на нее. "Ах, это? Это — отличное лекарство, привезенное из Китая, они мудрее нас, они умеют лечить даже души". Он быстро, остро взглянул на Приска, вернее — не на него, а в него, внутрь — и протянул ему коробку: "Возьми, попробуй, тебе это тоже будет полезно". Приск послушно взял и проглотил горькую пилюльку. "А теперь — идем к "Трем Морякам" и выпьем в честь нашего нового вождя — Улда. Как? Ты еще не знаешь о его победе под Флоренцией?" Он начал рассказывать, его морщины шевелились как клубок змей, его слова жалили. Сзади жалобно скулил увязавшийся за ними щенок с вывернутым наизнанку ухом.

Когда они прошли несколько кварталов, с Приском началось что-то очень странное. Было так, будто отодвинулись какие-то стены и Приск стал расширяться, сначала медленно, а потом все быстрее. Скоро он почувствовал, что весь мир, все бесчисленное множество вещей больших и малых — не вне его, как всегда, а внутри, в нем. Горькая, зеленоватая луна в небе, облитые бледным светом поля под Флоренцией, темные, ничком, трупы, фонарь над лотком ночной торговли красное зарево позади замка св. Ангела, гогочущая римская толпа, пьяный бородатый монах, пляшущий на бочке, грохот рушащейся в огонь крыши, сквозь огонь — черные человеческие волны, несущиеся с Востока, попавший под ноги щенок с вывернутым ухом, этот раздавленный щенок, и Басс, и сам Приск, непонятно слитые в одно живое существо, розовый попугай на руке у слепого солдата, боль от звона брошенной ему монеты, голос, выкрикивающий объявление о завтрашнем триумфе, Пасифая-Плацидия на четвереньках — голая, мерзкая, прекрасная... Он видел, слышал, чувствовал все это сразу, он был как вездесущий Бог.

"Да, да. Ибо: "Человек имеет повеление стать Богом", этому учил нас Василий Великий. Так что мы милейший мой Приск, выполняем завет церкви с помощью китайских пилюль!"

Они стояли на мосту, как в день первой их встречи. В черной воде дрожали огни Рима, каждое мгновение готовые рассыпаться, исчезнуть. "Она исчезла, — с горечью во рту сказал Приск. — Она притворилась, что не узнала меня. Еще бы! Она — божественная августа. а кто я?" — "Ты же только что утверждал, что ты — Бог, — засмеялся Басс. — Бедный Бог!" Но тотчас же он стал серьезным, он опять стал тем неожиданным человеком-Бассом, которого впервые увидел в тот вечер Приск. Человек-Басс пристально, глубоко посмотрел на Приска: "Мой юный друг, уезжай отсюда скорее. Ты станешь как я, ты здесь погибнешь". — "Я уже погиб — сказал Приск. — Я буду ждать ее целые дни, у ворот дворца, у входа в театр, на улице, всюду, где она может появиться, я подойду к ней при всех, я скажу ей... Я не могу отсюда уехать, потому что здесь она. Не могу! И пока у меня есть деньги." — "Деньги, которые тебе дал Евзапий?" — перебил его Басс. Приск остановился как будто с разбегу налетел на стену.

Это была стена в бедной комнате Евзапия. На столе среди книг лежал черствый кусок сыра, травяной веник валялся на полу. Евзапий сказал, что ему стыдно напоминать об этом — о том, что он жил как нищий, во всем отказывал себе, только чтобы собрать эти деньги и дать Приску возможность написать книгу. Такую книгу, великую и страшную, мог бы написать Ной в дни потопа — если бы он умел писать. "Ты, Приск, избран был Ноем, тебе была доверена эта книга, а ты? Говори! Оправдывайся! Что же ты молчишь?" — сурово сказал он.

Это был Евзапий но это в то же время был Басс. Под ногами качался и исчезал утопающий Рим. Уши у Приска горели, во рту была нестерпимая горечь. "Я напишу эту книгу! — крикнул он — Клянусь тебе: я напишу ее, я уеду отсюда!" — "Я тебе верю", — сказал Басс. Оглянувшись по сторонам, он обнял и крепко поцеловал Приска.

7

С городской хлебопекарни пожар перекинулся на другие дома. Багровое, распухшее небо над замком св. Ангела покачивалось, готовое рухнуть. В императорской спальне зловещие красные пятна проступали на белом шелке стен, на подушках, на бледных щеках Гонория. Перед ним стоял евнух с императорским панцирем наготове. За дверью ждали министры, придворные тревожно перешептывались солдаты дворцовой гвардии.

"Ты меня не жалеешь,— сердито сказал Гонорий и сунул Плацидии руку. — На, смотри: у меня опять лихорадка. Пусть как хотят — без меня... Я уеду в Равенну!" Он выхватил из рук евнуха панцирь и бросил его на пол. Плацидия стиснула мелкие, острые зубы, ей хотелось крикнуть грубое матросское ругательство, но она удержалась.

Она открыла дверь. Шепот замолк. Подняв голову, она отчетливо, сверху, сказала: "Император болен, он отбывает в Равенну. Он уверен, что вы и без него сумеете достойно наказать этих изменников — хунов". Шепот среди солдат стал слышнее, сквозь него, как огонь уже пробивались отдельные громкие голоса. "Что такое?" — сказала Плацидия и пошла прямо на солдат. Они замолкли и попятились. Плацидия, не торопясь пошла обратно, в дверях остановилась. "Не пускать никого",— приказала она огромному белокурому аллеману. Однажды ночью, доведенная до неистовства бессильными ласками Гонория, она ушла от него и позвала в свою спальню аллемана. Это было только один раз, но он запомнил это навсегда. Он посмотрел на нее сейчас как на Бога и стал у дверей.

Скоро по каменным плитам двора прогремели колеса закрытой кожаной каруццы, простой, без всяких украшений. Император хотел проехать через Рим неузнанным, он не брал с собой ни конвоя, ни свиты. Луна уже зашла. На дворе было пусто, черно, только красные пятна зарева шевелились на дворцовых стенах, поблескивая в зрачках лошадей. Гонорий вышел из маленькой боковой двери, он прижимал к груди своего петуха, под ногами у него вертелся его мальтийский щенок.

Вдруг щенок злобно залаял и кинулся в другую сторону двора, где чернели вдоль стен кусты роз. Он жалобно, пронзительно взвизгнул там, потом еще раз и замолк. "Что там такое, что там?" — испуганно сказал император. Евнух, колыхая животом, пошел туда, но через несколько шагов остановился и стал пятиться назад, потом побежал. Все увидели освещенную красным светом огромную собаку, выскочившую из кустов.

Первыми поняли всё лошади: они, храпя, взвились на дыбы и промчались к воротам. Волк постоял секунду, как будто выбирая, потом прыгнул на людей. Император вцепился в руку Плацидии. Евнух упал и, лежа, вопил тонким женским голосом: "Помогите!" От ворот во весь дух бежали часовые. Плацидия успела подумать, что они не добегут — и пусть: лучше так, чем если когда-нибудь убьют солдаты...

Огромный аллеман прыгнул так же быстро, как волк, на камнях забился живой узел, в котором перепутались животное и человек. Волк остался лежать, аллеман встал. Из его бедра по голой ноге ручьем текла кровь. Он, тяжело дыша, остановился перед Плацидией и счастливо, молитвенно смотрел на нее. Плацидия, сорвав с себя шарф, перевязала ему рану. Из всех выходов дворца сыпались люди, переполошенные криками евнуха.

Он стоял теперь перед императором, нижняя губа его отвисла и тряслась. "Это заговор! — кричал Гонорий, его маленький рот съехал совсем влево.— Кто выпустил его из клетки, кто? Ты это узнаешь — или ответишь за это сам!" Он влез в экипаж. "Когда я вернусь",— тихо сказала Плацидия аллеману и села рядом с Гонорием. Золотые ворота, медленно блестя, открылись, колеса загремели железом по камню.

Каруцца императора ехала так, чтобы миновать Эсквилин и Виминал — 5-й округ, сплошь населенный пролетариями. Когда выехали из города, Гонорий высунулся из экипажа и оглянулся, как будто своими глазами хотел убедиться, что все осталось уже позади. Луны не было, римские стены были черные, только на самом верху их мелькали багровые, дымные огни: это бегали солдаты с факелами, римский гарнизон готовился к бою. "Красиво, правда?" — сказал император. Плацидия не ответила. Император вынул из-под сиденья экипажа дорожный горшок, помочился, поставил посуду на место и спокойно, счастливо заснул.

Перед зарей на верху стен стало холодно. Солдаты сидели кучками и, прижавшись друг к другу, дрожали. Злые, усталые начальники когорт покрасневшими глазами вглядывались в белый туман внизу: оттуда каждую минуту могли появиться хуны. Было тихо, только где-то далеко, как часовые, перекликались в темноте петухи. Вдруг на стене у Аппиевых ворот что-то закричали и быстро, как огонь по смоляной нитке, крик побежал от башни к башне. Солдаты вскакивали. "Хуны! Где? Где?" — хватались за оружие...

Но через несколько минут все уже знали, что из императорского дворца получен приказ: всем немедленно разойтись по казармам. Офицеры ничего не понимали: что ж это — предательство? Сдают Рим без боя? Они пытались удержать солдат, но солдаты, не слушая, весело бежали вниз по лестницам, жалованье они получили только вчера, а на остальное им было наплевать.

Стены быстро опустели. Рим остался беззащитным.

Завтра Улд возьмет Рим! Атилла слушал и, прикрыв рот ладонью, смеялся от счастья. Он понял, что Улд обманул римлян, как лисица обманывает собак на охоте.

Когда солдаты и евнух ушли будить императора, Атилла вышел в коридор. В огромном окне плясало зарево. Атилла смотрел. Ему было тесно, сердце билось в ребра, как в прутья клетки. Оно вырвалось и полетело над завтрашним днем. Зарево стояло уже над всем Римом. Улд ехал по улицам, красный от огня, такой же большой, как отец, Мудьюг. Атилла ехал рядом с ним, он вдыхал его запах, сердце билось. Они взглянули друг на друга и засмеялись: навстречу им конники гнали императора, он был внизу, маленький, босой, за ним — тоже босых — гнали Басса, Гарицо, Уффу, евнуха, Плацидию.

Босые ноги шлепали по коридору. Это был Уффа, в ночной

рубашке. Он был белый, жидкий, как тесто, из которого Куна пекла хлеб. Он подбежал к Атилле, схватил его трясущейся рукой "Скажи, это верно, что Улд?" — "Верно" — перебил его Атилла и ушел в свою комнату, он рассердился, что Уффа помешал ему видеть Улда.

Он лег на постель и закрыл глаза. Скоро он увидел тот самый треугольный город Радагост о котором давно, дома, рассказывал странник. Город был в руках у Атиллы. Он сжал руку. Запертые в треугольнике метались маленькие, как муравьи, люди Атилла сжал руку крепче, люди забегали еще быстрее, и на руку к нему закапал красный сок. Руке стало горячо, он проснулся. Внизу, на дворе, кто-то тонким голосом кричал: "Помогите! Помогите!" Хлопали двери, по коридору стремглав бежали люди. "Улд!" - подумал Атилла. Сердце его взлетело он побежал вместе со всеми.

Внизу на дворе он увидел волка. Волк уже лежал мертвый, темный на белых плитах. Атилла вспомнил теплоту его шеи, горячий шершавый язык, лизавший руку. Теперь Атилла остался совсем один. Нет, не один: завтра здесь будет Улд! Атилла услышал, как император приказал найти того, кто выпустил волка из клетки. Атилле стало смешно, это было как игра: они искали его, а он был здесь, рядом с ними.

Во дворце никто не ложился в эту ночь. Она уже шла к концу, небо позеленело, на дворе стало холодно. Все толпились в нижнем зале. Атилла вошел туда и увидел евнуха отдельно от всех. Евнух сидел в полукруглой нише окна, выходившего в парк, перед ним стоял рябой солдат. Атилла сразу же узнал его: этот солдат вечером стоял на часах у ворот и пел, от него Атилла спрятался за водосточную трубу. К солдату по дошел Уффа, солдат посмотрел на него, покачал головой: "нет" Потом так же прошли мимо солдата Гарицо Длинный и другие, которые вечером были с женщинами в парке, Атилла понял.

Он все понял в одно мгновение, без слов, как понимает лисица каждое движение догоняю-щих ее собак. По телу у него пробежал веселый холодок. Он почувствовал спиною что сзади него двери во двор открыты. Рябой солдат что-то хотел сказать евнуху, но остался с разинутым ртом, глядя в ту сторону, где стоял Атилла. Все так же без слов, Атилла понял, что солдат увидел, узнал его и что теперь нельзя терять ни одного мгновенья. Вскочивший с кресла евнух и солдат и другие уже бежали сюда. Атилла быстро повернулся к дверям.

В дверях стоял горбун. Атилла ошибся: все бежали потому, что увидели вошедшего горбуна. Длинные его руки висели ниже колен, лицо было серое от усталости и от дорожной пыли. Его окружили, спрашивали, дергали, все знали, что он был у хунов, что сейчас он оттуда. Горбун ничего не отвечал, он сказал только: "Пить!" Какой-то солдат дал ему флягу с вином. Евнух с ненавистью смотрел, как, жадно глотая вино, двигался кадык на шее горбуна. "Довольно! Говори!" — крикнул он, не дождавшись, и вырвал у горбуна флягу.

Горбун рассказал, как все произошло. Улд, обогнавши войска, ехал впереди всех. Начальник римской заставы не рассмотрел его в темноте, схватил его коня под узды и крикнул: "Стой! Нельзя. " — "Нельзя! Мне?" Улд засмеялся и убил его, а люди Улда убили остальных. Спасся только один — тот самый, какой в начале ночи прискакал во дворец и поднял тревогу. Горбун объяснил Улду, что из всего этого может получиться. Тогда Улд послал горбуна в Рим, сказать, что он "пошутил" и что он готов за каждого убитого римского солдата заплатить по два коня.

Из дворца тотчас же поскакали гонцы с приказом гарнизону сойти со стен и вернуться в казармы. Дворцовый зал быстро опустел, все вдруг почувствовали, как они устали в эту ночь. Горбун тоже хотел идти к себе, но остановился: он заметил Атиллу. Таким он его никогда не видел: маленький хун был так бледен, как будто из него выпустили всю кровь. Горбун испугался. "Что с тобой? Ты болен?" — "Не трогай меня!" Атилла оттолкнул руку горбуна и пошел куда-то, ему было теперь все равно куда идти, потому что Улда больше не было.

Наутро такой же бледный он стоял внизу, возле устланного красным сукном помоста. Он, не отрываясь, жадно следил глазами за каждым движением Улда. Вместе с другими Атилла поднялся на помост. Улд был теперь близко. Он подошел к Атилле и взял его за подбородок, Атилла перестал дышать и мгновение не видел и не слышал. Он опомнился только тогда, когда почувствовал: его зубы с наслаждением впились во что-то. Во рту у него стало тепло и солоно, это была кровь Улда, он стал дышать, то, что его душило — теперь прошло.

Солдаты держали его за руки и вели во дворец. Он слышал, как кричала толпа, но он не хотел смотреть на них, он шел, нагнув голову с двумя торчащими, как рога, вихрами. "Подними морду! Тебе говорю — слышишь?" — Это был голос евнуха, Атилла поднял глаза. Золотые дворцовые ворота блестели, около них стоял рябой солдат, тот самый. Солдат, прищурясь, весело посмотрел на Атиллу и сказал: "Это он!" Синяя нижняя губа у евнуха затряслась, он замахнулся. Атилла оскалил глаза как зубы и взглянул на евнуха, и тот опустил руку. Брызжа от злости слюной, евнух закричал солдатам: "Тащите его туда и заприте, пусть сидит там!"

Железный засов лязгнул и вошел в петли. Атилла был закрыт в пустой волчьей клетке, на дверь повесили большой замок. Рябой солдат повернулся спиной к Атилле, поднял свою одежду и похлопал себя рукой по голому заду, исполосованному белыми рубцами. Атилла понял. Он бросился к двери, вцепился в прутья и изо всех сил затряс их, железо звенело. Солдаты смотрели и смеялись. Атилла отвернулся от них и стоял, скрипя зубами. На плечах и на спине он чувствовал от их смеха жгучие полосы, как от ударов кнута.

Потом он узнал картавый знакомый голос, это был Гарицо и его компания, с ними было несколько молодых римлян. Изображая хозяина бродячего зверинца, Гарицо ломаным языком расхваливал диковинные свойства запертого в клетке зверя. Жилы на лбу у Атиллы напряглись, ему казалось, что они сейчас лопнут, но он стоял все так же. Что-то толкнуло в бок, в спину. Он не повернулся, но углом глаза увидел конец длинной жерди, просунутой в клетку. К его ногам упало надкусанное яблоко, потом в голову ему ударил метко брошенный небольшой камень. Он стоял не двигаясь. Тем стало скучно, они ушли. Вместо них появились другие люди, мужчины и женщины. Атилла слышал их голоса. Их

93

становилось все больше, как будто весь Рим собрался в парке смотреть на посаженного в клетку хуна. Когда они заходили сбоку, чтобы взглянуть ему в лицо, Атилла закрывал глаза. Он стоял, крепко сжимая руки, как если бы в них был треугольный город, на мгновенье приснившийся ему ночью. Он стоял и думал, что когда-нибудь это будет на самом деле и тогда он сожмет всех их так, что из них брызнет сок.

Евнух отправил посла вдогонку императору, чтобы известить его обо всем происшедшем. Гонец догнал императора перед вечером, когда уже садилось солнце. Император лежал на красном ковре в лесу, недалеко от дороги. Он только что кончил ужинать, за ужином он съел больше чем надо, ему было грустно, он думал о Боге. Но как только Плацидия начала читать ему доклад евнуха, он развеселился. "Что? Что? Укусил триумфатора?" Он хохотал до слез. Потом он вытер глаза, и Плацидия стала читать дальше — о том, что этот же маленький хун выпустил волка из клетки, евнух спрашивал, как поступить с ним. Император, скривив рот молчал, подумал. Затем взял перо, написал несколько слов евнуху и отдал письмо гонцу.

На другое утро евнух с солдатами пришел к клетке, снял замок и открыл дверь. "Выходи, эй, ты!" Но Атилла ни за что не хотел выйти, он вцепился в железные прутья, его не могли оторвать. Рябой солдат ударил его по пальцам ножнами меча, побелевшие пальцы разжались, тогда его удалось вытащить. Солдат сказал "Ты чего брыкаешься? Теперь ты будешь сидеть не в клетке, а в комнате, до того дня, когда..." — "Не разговаривать!" — крикнул евнух. Солдат замолчал Атиллу отвели в пустую незнакомую комнату и заперли там.

Дверь была низкая, окованная железом. В комнате не было углов, она была круглая. Атилла ходил кругом, толстые стены молчали, у них не было ни начала, ни конца. Ему стало казаться, что так было всегда и никогда не было ничего другого, ни травы, ни снега, ни теплой руки Куны, ни одноглазого Адолба. Он вспомнил брата Бледу и подумал, что обрадовался бы, если бы почувствовал сейчас на шее его холодные пальцы. Еду и питье ему приносили, когда он спал, он не видел ни одного человека. По полу неслышно двигалось светлое пятно с черным переплетом — тень от решетки круглого окна наверху. Черная тень медленно выползала на стену, на потолок, потухала. Это повторялось, это тоже было круглое. Потом внезапно круг разорвался, открылась дверь, вошли люди.

Окно еще только чуть светлело, но Атилла не спал Он вскочил и хотел закричать, но потом подумал, что тогда все соберутся и будут смотреть на него и это будет еще хуже. Он сказал: "Я пойду сам". Спустились во двор. Он жадно глотнул запах мокрой травы из парка и посмотрел вверх, небо было исполосовано красными рубцами зари. Покрытое росой золото ворот было тусклое. Он шел спокойно, но глазами уже выпрыгнул за ворота, он сказал себе: "Когда выведут туда..."

Ворота медленно приоткрылись, Атиллу вывели на улицу. Он весь напрягся — так, что все в нем как будто зазвенело. В одно мгновение он пролетел над лежавшим внизу в тумане Римом до синей полосы дальнего леса и вернулся назад. Здесь был старик в войлочной шляпе с веткой в руке вместо кнута, он шел около воза дров, одно полено торчало. Атилла схватил его глазами, чуть заметно пригнулся и сделал ноги стальными для прыжка. Сзади, с каменной скамьи около ворот, встали какие-то люди. Атилла почувствовал это движение и в самый последний момент, уже весь устремленный вперед, почти летящий, углом глаза оглянулся на вставших. Тотчас же глаза, ноги, руки, сердце — все в нем остановилось. Он глотнул воздух и не мог его выдохнуть, он смотрел, не дыша: от скамьи к нему шел одноглазый Адолб... Кинуться к нему, прижаться всем телом, дышать с ним!

Но Атилла запретил себе это; он стоял, не двигаясь, он знал, что римляне смотрят на него. Адолб подошел и взял его за руку. "Что ты тут натворил? Нас известили, чтобы мы приехали и взяли тебя домой". Губы у Атиллы шевелились, но он не мог сказать ни слова в ответ. Тогда Адолб сбоку, одноглазо как птица, посмотрел на римлян и спросил Атиллу как начальника, как князя: "Прикажешь, господин, ехать сейчас?" Он сказал это уже на римском языке, так, чтобы римляне поняли. "Да, сейчас", — приказал Атилла. Его сердце, стуча, мчалось, ему хотелось лететь, но он велел себе идти медленно. Он шел не оглядываясь.

Они ехали тем же самым путем, как три года назад. Атилла узнавал города из белого камня, мутные и желтые от глины реки похожие на зеленых медведей горы. Но теперь у него были новые глаза, он видел не только это.

Однажды перед вечером они въехали в деревню, чтобы купить хлеба и мяса, но в деревне никого не было. Все двери стояли открытые настежь, ветер покачивал их на петлях. Видна была брошенная на столах посуда, оголенные постели. У порога одного дома, широко раскрывая рот, кричала худая кошка. "Не прошла ли здесь чума?" — сказал Адолб. Лошади косились и поводили ушами.

Скоро они догнали двигавшийся по дороге обоз. На заваленных узлами телегах сидели женщины и дети. Мужчины шли возле. Адолб спросил их, они сказали, что не могли больше платить за землю и бросили ее. Они увидели, что их слушают, и все разом стали кричать, грозя кому-то, проклиная, богохульствуя. Атилла смотрел на них, собирая в себя их лица, потом засмеялся. "Почему ты смеешься?" — спросил Адолб. "Потому что все это хорошо",— сказал Атилла. Адолб долго молча ехал рядом с ним, потом взглянул на него так, будто в первый раз увидел его, и сказал: "Вон ты какой!"

Недалеко от Марга дорога кольцами, как змея, ползла вверх на гору. Адолб торопился попасть в Марг до захода солнца, пока городские ворота были еще открыты. Но на повороте Атилла вдруг остановил своего коня и, перегнувшись, стал смотреть вниз, в долину. Адолб рассердился и начал браниться. Атилла обернулся, он ничего не сказал, но его глаза прошли сквозь Адолба как железо. Адолб разинул рот и замолк.

Внизу в долине остановился римский отряд, солдаты строили лагерь, Атилла смотрел на них. Через два часа там вырос маленький четырехугольный город, черные среди зелени земляные валы кругом, ровные белые улицы палаток. Атилла не шевельнулся, не оторвал глаз, пока все не было кончено, только тогда он тронул поводья и поехал. Солнце уже спрятало голову, от него остался только распущенный по небу хвост из красных перьев. Когда подъехали к Маргу, ворота были заперты. У Адолба глаз стал злой, круглый, он хотел сказать Атилле, что это из-за него они опоздали, но посмотрел на него и ничего не сказал: он почувствовал, что не смеет, и сам удивился этому, когда понял.

Утром выехали из Марга. Каменная дорога, бежавшая от самого Рима через поля, реки, горы — здесь кончилась. Конские копыта теперь ударяли мягко, под ногами был уже не камень, а земля, степь. Она лежала под солнцем, теплая, влажная. Сверху, будто из солнца, ручьями лились жаворонки. Тугой ветер летел, пел во рту. Атилла глотал его ртом, ноздрями, всем телом. Он раскраснелся, глаза у него блестели, он снова стал мальчиком. На всем скаку он, держась ногами, повис под брюхом лошади, сорвал пук травы и замахал им оглядываясь на Адолба.

В полдень они проехали между двух столбов, на столбах были деревянные головы с висячими медными усами. Запахло конским навозом, рекой, дымом. Внизу на берегу, кипел торг, хлопали бичи, лошади ржали. Недалеко от столбов стояла кузница. Сзади нее, под глиняной желтой стеной, Атилла увидел несколько человек: повесив пояса на шею и спустив штаны, они сидели на корточках и неторопливо разговаривали. В Риме Атилла совсем забыл про это, а сейчас мгновенно вспомнил, что много раз видел это в детстве. Он засмеялся так громко, что Адолб удивленно посмотрел на него. "Да смотри же, смотри!" — Атилла показал пальцем на сидевших под кузницей. Он захлебывался от смеха, от счастья, что узнал своих людей, свою землю но у него не было слов, чтобы объяснить это Адолбу. Адолб так и не понял. Он озабоченно, как наседка высматривающая ястреба, одним глазом смотрел вдаль: кто знает, что там ждет их?

Огромный круглый зал был полон, не было ни одного свободного места. Сотни глаз, не отрываясь, следили за каждым движением великого Язона. Он был в одной шелковой тунике, шелк был алого цвета — чтобы на нем не видно было пятен крови.

На мраморном столе перед Язоном лежала женщина, обнаженная до пояса. Ее круглые груди, белые с голубыми жилками, едва заметно поднимались и опускались, она, по-видимому, спала. Язон нагнулся к ней, в его руке блеснул нож. Лица зрителей в первом ряду побледнели. Язон ободряюще улыбнулся им чуть подведенными глазами. Потом, взявшись за розовый сосок, он оттянул кожу на груди женщины, сделал ножом незаметное движение — и из разреза брызнула кровь. Женщина не пошевелилась, она продолжала спать.

Это было действие чудесного снадобья, изобретенного Язоном. Его публичные операции были теперь в Риме самым модным зрелищем, светские дамы обожали Язона, конкуренты ненавидели его. Это они вскочили сейчас в разных местах зала, размахивая кулаками и крича, что это — убийство, что женщина — римская гражданка, Язон не имеет права, они не позволят!

Улыбаясь толстыми, красными губами, Язон поднял руку. Зал затих. "Предположим на время, что мои дорогие коллеги правы",— сказал Язон. Он оставил женщину, пошел в другой конец эстрады и отдернул занавеску. Все увидели человека, неподвижно сидевшего там в кресле. "Этот человек — мой,— сказал Язон.— Это раб, я купил его, он мой, целиком, весь. Но я возьму у него только одну ногу — и затем отпущу его, он получит свободу. Надеюсь, что теперь никаких возражений я не услышу?" Захваченные врасплох конкуренты Язона молчали.

Он нагнулся к рабу. "Камель!" — громко позвал он его. Раб сидел все так же, он спал, свесив коротко остриженную черную голову. Над левым ухом было видно на черном похожее на серебряную монету пятно седых волос.

Приск сразу вспомнил: красный помост, ветер, завернувшийся край консульского плаща, рука консула поднята для удара... Это был тот самый раб, который схватил консула за руку.

Приск стоял у входа в зал, в густой толпе запоздавших. На операцию Язона он попал случайно. Сегодня был его последний день в Риме, у него уже было куплено место на корабле, вечером отплывавшем из Остии в Константинополь.

Багаж был уложен, у него еще осталось несколько свободных часов, и он зашел в Троянову библиотеку. Он не мог пробраться в читальный зал, его подхватила шуршащая шелком и шепотом, возбужденная, жарко дышащая толпа: модные проститутки и светские женщины, лысые юноши и молодящиеся старички, пахнущий конюшней цирковой атлет и надушенный женскими духами епископ. Приск решил в последний раз окунуться в этот Рим, чтобы увезти его с собой для своей книги, как Ной увез в своем ковчеге образцы всяких тварей. Стиснутый со всех сторон, он стоял у дверей и, близоруко щурясь, торопливо укладывал в себя лица.

В зале была сейчас душная, напряженная тишина. Было слышно только громкое, хриплое дыхание, это было дыхание Рима, почувствовавшего запах крови. Раб лежал на столе, его круглая, сильная нога выше колена была красной, и на белом мраморе под ней все шире расплывалось красное пятно. О мрамор резко звякнул брошенный Язоном нож, он взял пилу, осматривая ее нарочно помедлил так искусный актер делает тонко рассчитанную паузу, чтобы у зрителей захватило дыхание. Пауза кончилась — и весь зал услышал жестко скрежущий звук пилы, врезающейся в живую человеческую кость. Побледневшие женщины дышали сквозь зубы, стиснутые как от боли или от нестерпимого наслаждения, они прижимались к мужчинам, стонали.

Приск стоял красный, ему хотелось кричать, бить, кинуться вон отсюда, но он уже не мог уйти, он, замирая, ждал этой последней секунды, когда круглая, живая нога отделится от человека, он ничего не видел сейчас, кроме двигавшейся взад и вперед пилы.

Внезапно он почувствовал острую боль в правой руке. Не отрывая глаз от пилы, он отдернул руку, боль прекратилась. Но через мгновение она стала еще острее. Тогда Приск, не понимая, в чем дело, посмотрел вниз.

Рядом с ним стояла Плацидия. Ее влажный красный рот был открыт, блестели острые зубы, ногтями она впилась в руку Приска. Она смотрела на него, ее зеленые глаза были такие же, как в ту ночь в гостинице. "Бежать... сейчас же..." — Приск сделал движение, но Плацидия сделала его руке еще больнее и заставила его нагнуться. Он почувствовал на своем ухе ее горячее, быстрое дыхание. "Сегодня, когда стемнеет... у входа в ту гостиницу — ты ее помнишь?" — "Да",— сказал Приск. Он тотчас же понял, что надо сказать другое. "Я уезжаю сегодня, я не могу, не хочу!" — хотел он закричать, но Плацидии около него уже не было: ее увидели, толпа раздалась в стороны. Она уже входила в зал между склонявшимися перед ней рядами. Приск бросился за ней, расталкивая уже снова сомкнувшуюся толпу. Он толкнул какую-то женщину, ее спутник, атлет с бычачьими глазами, схватил Приска за руку и требовал объяснений. На них оглядывались. Приск, красный, бормотал какие-то извинения, путаясь в словах. "Иностранец?" — спросил атлет, выпятив нижнюю губу и как будто именно ею глядя на Приска. "Да, иностранец",— сказал Приск, краснея еще больше. Атлет выпустил руку Приска и повернулся к нему спиной. Теперь Приск мог уйти.

Снаружи был ветер, он поднимал пыльные вихри, они, кружась, росли, поднимались головою до неба. Похожие на огромных серых странников, они, покачиваясь, бежали по дороге вон из Рима, Приск смотрел на них. Он сидел в каком-то парке, перед глазами у него, мешая смотреть, качалась круглая, белая от цветов ветка, от нее сладко и как будто знакомо пахло. По дороге с грохотом проехала большая открытая каруцца, в ней сидел человек, обложенный сундуками и свертками. "Через несколько часов и я ехал бы вот так же",— подумал Приск. "Почему ехал бы?" — чуть не закричал он вслух и с отчаянием, с ужасом понял, что все в нем уже бесповоротно решено, что он никуда не поедет, он пойдет к Плацидии...

Внизу у дороги была таверна. Ветром оттуда донесло запах пережженного оливкового масла. Приск вскочил: он вспомнил, что его ждет у себя Басс, они накануне условились пообедать вместе на прощанье... Как, какими словами сказать теперь, что он не поедет? Эта встреча с Бассом показалась Приску стыднее и мучительнее всего, но он все-таки пошел к нему.

Басс сидел со своей обезьянкой Пикусом на коленях. Пикус черными, тоненькими человечьими пальцами выбирал ядра из расколотых орехов и быстро совал их себе за щеку. Когда вошел Приск, он остановился и внимательными, умными глазами посмотрел на него и так же посмотрел на него Басс. "Что случилось?" — спросил Басс, ссадив Пикуса на пол. "Почему ты думаешь, что что-то случилось?" — "Почему? Посмотри на себя в зеркало, оно сзади тебя". Но Приск не обернулся, ему было стыдно увидеть свое лицо. "Я остаюсь, я никуда не поеду из Рима..." — и, захлебываясь, мучаясь, торопясь, он рассказал об всем происшедшем на лекции Язона.

Он кончил и сидел, боясь поднять глаза на Басса. "Превосходно!" — закричал Басс. Приск, ничего не понимая, посмотрел на него круглыми глазами. "Очень эффектная по неожиданности развязка!" — и, перебирая другие возможные комбинации, Басс с увлечением стал доказывать, что судьба, как искусный драматург, выбрала наилучшую. "Впрочем..." — он остановился, задумался. "Что же ты? Продолжай! — горько сказал Приск.— Я для тебя — как тот раб, которого сегодня резал Язон".— "Да, да..." — рассеянно согласился Басс, явно думая о чем-то своем. Он смотрел на водяные часы, там тоненькой голубой струйкой текло время, неотвратимое как судьба. Басс извинился, что не может обедать с Приском: у него есть одно срочное дело, ему нужно сейчас же идти. На улице он обнял Приска: "Не сердись на меня. Обещаешь?" Приск пожал плечами. Дойдя до угла, он оглянулся и увидел, что Басс тоже смотрит на него.

В первой же попавшейся таверне он спросил вина. "Нет, есть я не хочу",— сказал он девушке. За соседним столом галдело несколько бородатых евреев, в углу подвыпившие матросы громко передразнивали их. Занавеска на окне хлопала как парус. На мгновение Приск ясно увидел качающийся на волнах корабль. "Еще вина мне,— сказал он девушке.— И похолоднее". Девушка принесла. По холодному, отпотевшему стеклу бутыли ползли вниз медленные капли. Приск вспомнил лицо того, неожиданного, только раз мелькнувшего Басса. "Если бы он был таким сегодня, может быть, я..." Но думать Приск не успел: наливая вино, девушка коснулась его плеча острием груди. Тотчас же Плацидия, будто дремавшая в нем где-то на дне, всплыла наверх, он ясно увидел ее: она лежала в носилках, слегка поскрипывали ремни в такт шагам...

Ему показалось, что за окном уже темнеет, что он опоздал. Лоб у него от страха стал мокрый. Он торопливо расплатился и выскочил на улицу. Солнце садилось, измученное сухим ветром небо было бледно. Обливаясь потом, Приск все ускорял шаги, потом не выдержал и побежал бегом.

Гостиница, где Плацидия назначила ему встречу, была недалеко. Когда Приск добежал туда, было еще светло, но под навесом над дверью в гостиницу уже был зажжен фонарь, он, скрипя, качался от ветра. Недалеко от двери стояли два солдата, они пересмеивались с проходившими мимо женщинами. Приск, задыхаясь от бега, сел на скамью у церкви наискосок, отсюда вход в гостиницу был хорошо виден.

На опустошенном ветром небе легли длинные красные полосы, как от ударов кнутом. Потом они исчезли. Возле гостиницы остановились носилки, Приск бросился к ним. Оттуда вышел толстый человек и, пыхтя, стал подниматься по ступеням. Приск с ненавистью смотрел на розовые, свиные складки у него на затылке.

Вдруг сзади кто-то тронул Приска за руку. С неистово забившимся сердцем он обернулся, но увидел только тех же самых двух солдат. Они осмотрели его с ног до головы, переглянулись. У одного в верхнем ряду не хватало двух или трех зубов, он сказал, выговаривая "с" вместо "т": "Сы Сарквиний Приск, грек из Константинополя?" — "Да, я".— "Тогда возьми это и прочти".— "От нее... не придет..." — подумал Приск. Он начал читать под фонарем, фонарь от ветра качался, буквы прыгали. Он прочитал и не поверил, начал читать снова...

Это был приказ от римского префекта о немедленной высылке Тарквиния Приска, на основании недавнего декрета об иностранцах. Щербатый солдат сказал, что им велено сейчас же ехать с ним в Остию и там посадить его на корабль. "Но я не могу сейчас, я не могу — поймите!" — в отчаянии сказал Приск, хватая солдата за руку и стараясь заглянуть ему в глаза, будто от этой встречи глаз все сразу же могло измениться. "Сюда,

сюда!" — закричал кому-то солдат. Приск увидел: из-за угла гостиницы вышло еще двое, ведя лошадей. Он понял, что спорить бесполезно, что все решено, все кончено. Солдаты посадили его на лошадь, он поехал.

В Остии пришлось прождать целую ночь. Была буря, на набережную выпрыгивали из воды черные, в белой пене, звери. К рассвету буря утихла, и корабль отвалил, увозя с собой Приска. Он, близоруко щурясь, смотрел на белый остийский маяк и с горечью спрашивал себя: зачем Плацидии понадобилось унизить его этой комедией высылки? Маяк становился все меньше, он как будто опускался в воду, и наконец море совсем поглотило его.

Через несколько месяцев, уже в Константинополе, Приск получил подарок из Рима: водяные часы в форме двух соединившихся змей. К подарку было приложено письмо от Басса, он писал, что "не мог устоять против соблазна дать еще один вариант неожиданной развязки" и потому устроил высылку Приска...

Эти часы всегда теперь стояли на столе перед Приском, и всякий раз, как он садился писать, он с нежностью и благодарностью вспоминал Басса. Сквозь стеклянные жала змей время текло чуть заметной голубой нитью, отсчитывая дни и годы. Снаружи, за стенами тихой комнаты Приска, время бушевало наводнением, потоком, события и люди мелькали, он еле успевал записывать. Он начал писать свою книгу как историю Византии, но вышло так, что ему больше всего пришлось говорить о хунах. Его первая запись о них была следующая:

"Императорский переводчик Вигила, посланный к хунам для переговоров о торговле, вернулся с известием о смерти их царя Октара. Следует знать, что до Октара той страной владел брат его Мудьюг, который умер, оставив после себя двух сыновей. Но так как эти сыновья были еще малолетними, то вместо них правителем стал Октар. Имена этих сыновей Мудьюга: Атилла и Бледа. Утверждают, что имя одного из них — Атилла — происходит из слова, означающего на их языке "железо"... Я не знаю, справедливо ли это, ибо их язык мне неизвестен. Но в те годы, когда я был в Риме, этот Атилла был там как заложник от хунов. Мне суждено было видеть его и много слышать о нем, и все, что мне о нем известно, оправдывает его имя. Октар был склонен скорее к подвигам за пиршественным столом, нежели на поле битвы, и потому мы жили с хунами в мире. Но что будет, если теперь власть перейдет к Атилле и если это железо направится острием на Европу?

По моему разумению, сказанному Атилле сейчас менее 20 лет. Еще нельзя знать, станет ли царем он, или его брат Бледа, или же, пока они не придут в возраст, областью их будет править один из их дядей. Как утверждает императорский переводчик Вигила, знающий их обычаи, там старейшины, собравшись, выбирают царя. С разных концов неизмеримой страны, от Рифейских, иначе — Уральских гор, до Дуная, они должны собраться теперь для погребения Октара и для избрания нового правителя. Имя его мы узнаем уже скоро, и я полагаю, что не ошибусь, если скажу, что тогда мы узнаем и ожидающую нас судьбу.

Ибо наши руки уже подобны потерявшим крепость рукам стариков, и нашу судьбу держат в своих руках другие народы".

1928—1935

ЛОВЕЦ ЧЕЛОВЕКОВ

1

Самое прекрасное в жизни — бред, и самый прекрасный бред — влюбленность. В утреннем, смутном, как влюбленность, тумане — Лондон бредил. Розово-молочный, зажмурясь, Лондон плыл — все равно куда.

Легкие колонны друидских храмов — вчера еще заводские трубы. Воздушно-чугунные дуги виадуков: мосты с неведомого острова на неведомый остров. Выгнутые шеи допотопно огромных черных лебедей-кранов: сейчас нырнут за добычей на дно. Вспугнутые, выплеснулись к солнцу звонкие золотые буквы: "Роллс-ройс, авто" — и потухли. Опять — тихим, смутным кругом: кружево затонувших башен, колыхающаяся паутина проволок, медленный хоровод на ходу дремлющих черепах-домов. И неподвижной осью: гигантский каменный фаллос Трафальгарской колонны.

На дне розово-молочного моря плыл по пустым утренним улицам органист Бэйли — все равно куда. Шаркал по асфальту, путался в хлипких, нелепо длинных ногах. Блаженно жмурил глаза; засунув руки в карманы, останавливался перед витринами.

Вот сапоги. Коричневые краги; черные, огромные вотерпруфы; и крошечные лакированные дамские туфли. Великий сапожный мастер, божественный сапожный поэт...

Органист Бэйли молился перед сапожной витриной:

— Благодарю тебя за крошечные туфли... И за трубы, и за мосты, и за "роллс-ройс", и за туман, и за весну. И пусть больно: и за боль...

На спине сонного слона — первого утреннего автобуса — органист Бэйли мчался в Чизик, домой. Кондукторша, матерински-бокастая, как булка (дома куча ребят), добродушно приглядывала за пассажиром: похоже, выпил, бедняга. Эка, распустил губы!

Губы толстые и, должно быть, мягкие, как у жеребенка, блаженно улыбались. Голова, с удобными, оттопыренными и по краям завернутыми ушами, покачивалась: органист Бэйли плыл.

— Эй, сэр, вам не здесь слезать-то?

Органист удивленно разожмурился. Как: уже слезать?

— Ну, что, выпили, сэр?

Жеребячьи губы раскрылись, органист мотал головой и счастливо смеялся:

— Выпил? Дорогая моя женщина: лучше!

По лесенке двинулся с верхушки автобуса вниз. Внизу, в тумане, смущенно жмурились, молочно-розовыми огнями горели вымытые к воскресенью окна Крагсов. Солнце шло вверх.

Органист вернулся к кондукторше, молча показал ей на окна и так же молча — обнял и поцеловал ее мягкими, как у жеребенка, губами. Кондукторша обтерлась рукавом, засмеялась, дернула звонок: что с такого возьмешь?

А органист — нырнул в переулочек, ключом отомкнул тихонько заднюю калитку своего дома, вошел во двор, остановился возле кучи каменного угля и через кирпичный заборчик поглядел наверх: в окно к соседям, Крагсам. В окне — белая занавеска от ветра мерно дышала. Соседи еще спали.

Снявши шляпу, стоял так, пока на занавеске не мелькнула легкая тень. Мелькнула, пророзовела на солнце рука — приподняла край. Органист Бэйли надел шляпу и пошел в дом.

2

Миссис и мистер Крагс завтракали. Все в комнате — металлически сияющее: каминный прибор, красного дерева стулья, белоснежная скатерть. И может быть, складки скатерти — металлически-негнущиеся; и, может быть, стулья, если потрогать, металлически-холодные окрашенный под красное дерево металл.

На однородно зеленом ковре позади металлического стула мистера Краггса — четыре светлых следа: сюда встанет стул по окончании завтрака. И четыре светлых следа позади стула миссис Краггс.

По воскресеньям мистер Краггс позволял себе к завтраку крабов: крабов мистер Краггс обожал. С кусочками крабовых клешней проглатывая кусочки слов, мистер Краггс читал вслух газету:

— Пароход... ммм... долгое время вверх килем... Стучали в дно снизу... Нет, удивительный краб, прямо удивительный! Опять цеппелины над Кентом, шесть мужчин, одиннадцать... ммм... Одиннадцать — одиннадцать — да: одиннадцать женщин... Для них человек — просто как... как... Лори, вы не хотите кусочек краба?

Но миссис Лори уже кончила свой завтрак, она укладывала ложки. У миссис Лори была превосходная коллекция чайных ложек: подарок Краггса. Серебряные ложки — и каждая была украшена золоченым с эмалью гербом одного из городов Соединенного Королевства. Для каждой ложечки был свой собственный футлярчик, миссис Лори укладывала ложки в соответствующие футлярчики — и улыбалась: на губах — занавесь легчайшего и все же непрозрачного розового шелка. Вот дернуть за шнур — и сразу же настежь, и видно бы, какая она, за занавесью, настоящая Лори. Но шнур потерялся, и только чуть колышется занавесь ветром вверх и вниз.

Исчезнувший мистер Краггс внезапно вынырнул из-под полу, уставился перед миссис Лори на невидимом пьедестале — такой коротенький чугунный монумен-тик — и протянул наверх картонку:

— Дорогая моя, это — вам.

В картонке были белые и нежно-розовые шелковые комбинации, и что-то невообразимо-кружевное, и паутинные чулки. Мистер Краггс был взглядов целомудренных, не переносил наготы, и пристрастие его к кружевным вещам было только естественным следствием целомудренных взглядов.

Миссис Лори все еще не привыкла к великолепию. Миссис Лори порозовела, и быстрее заколыхалась розовая занавесь на губах:

— А-а, вам опять повезло... на бирже — или... где вы там занимаетесь операциями, кто вас знает...

— Угум... — Мистер Краггс сосал трубку и, по обыкновению своему, не подымая чугунных век, улыбался на пьедестале победоносно.

Миссис Лори обследовала нежно-розовое, невообразимо-кружевное и паутинное, на одной паре чулок обнаружила распоротый шов и, отложив в сторону, нагнула щеку к мистеру Краггсу. Краггс затушил пальцами трубку, сунул в карман и прильнул губами к щеке. Челюсти и губы мистера Краггса мысом выдвинуты вперед — в мировое море; губы сконструированы специально для сосанья.

Мистер Краггс сосал. В окно бил пыльной полосой луч. Все металлически сияло.

3

Наверху, в спальне, миссис Лори еще раз оглядела чулки с распоротым швом; разложила все по соответствующим ящикам комода, старательно, с мылом, вымыла лицо; и вывесила из шкапа новые брюки мистера Краггса: в них он пойдет в церковь.

В окно тянул ветер. Брюки покачивались. Вероятно, на мистере Краггсе — брюки прекрасны и вместе с его телом дадут согласный аккорд. Но так, обособленные в пространстве, — брюки мистера Краггса были кошмарны.

В окно тянул ветер. Покачиваясь, брюки жили: короткое, обрубленное, кубическое существо, составленное только из ног, брюха и прочего принадлежащего. И вот снимутся, и пойдут вышагивать — между людей и по людям, и расти — и...

Надо закрыть окно. Миссис Лори подошла, высунула на секунду голову, медленно, густо покраснела и сердито сдвинула брови: опять?

На дворе справа, возле кучки каменного угля, опять стоял нелепо-длинный и тонкий — из картона вырезанный — органист Бэйли. Держал шляпу в руках, оттопыренные уши просвечивали на солнце, блаженно улыбался — прямо в лицо солнцу и миссис Лори.

Верхняя половина окна заела, и пока миссис Лори, все сердитее сдвигая брови, нетерпеливо дергала раму — хлябнуло окошко слева, и заквохтал высокий, с переливами голосок:

— Доброе утро, миссис Краггс! Нет, каково, а? Нет, как вам это нравится? Нет, я сейчас забегу к вам — нет, я не могу...

Отношение миссис Фиц-Джеральд ко всему миру было определенно со знаком минус: "нет". Минус начался с тех пор, как пришлось продать замок в Шотландии и переселиться на Аббатскую улицу. В органиста Бэйли минус вонзался копьем. И как же иначе, когда одна из девяти дочерей миссис Фиц-Джеральд уже давно по вечерам бегала на "приватные уроки" к органисту Бэйли.

Миссис Лори сошла в столовую мраморная, как всегда, и все с той же своей неизменной — легчайшего, непрозрачного шелка — занавесью на губах.

— Краггс, сейчас придет миссис Фиц-Джеральд. Ваши брюки вывешены — наверху. Да, и кстати: этот Бэйли, вы знаете, просто становится невозможен, вечно глазеет в окно спальни.

Чугунный монументик на пьедестале был неподвижен, только из-под опущенных век — лезвия глаз:

— Если вечно, так... отчего же вы до сих пор... Впрочем, сегодня, после церкви, я поговорю с ним. О да!

Миссис Лори повернулась задернуть шторы:

— Да, пожалуйста, и посерьезней... Просто больно смотреть: такое солнце, правда?

В дверь уже стучала миссис Фиц-Джеральд. Миссис Фиц-

Джеральд — была индюшка: на вытянутой шее — голова всегда набок, и всегда — одним глазом вверх, в небо, откуда ежеминутно может упасть коршун и похитить одну из девяти ее индюшечек.

Миссис Фиц-Джеральд с переливами квохтала об органисте.

— Нет, вы подумайте: в приходе — ни одной молодой и красивой женщины, которая бы не... которая бы... Нет, его бедная жена, это — просто ангел: она запирает от него все деньги и прячет ключ от двери, но он умудряется — через окно... А сейчас — я выглянула в окошко... нет, вы подумайте!

Миссис Фиц-Джеральд навела один глаз в небо, другой — в миссис Лори; миссис Лори вошла в паузу — как в открытую дверь: не постучавшись.

— Я только что просила Краггса поговорить об этом с мистером Бэйли. Будет очень забавно. Приходите посмотреть этот водевиль — после церкви.

Миссис Фиц-Джеральд все так же недоверчиво одним глазом выискивала коршуна в небе:

— О, миссис Лори, вы-то, вы-то, я знаю, совсем не такая, как другие. Я знаю

Чугунный монументик неподвижно, не подымая век, глядел вверх на миссис Лори: "Не такая — но какая же?" Бог весть: шнур от занавеси был потерян.

4

Тут, на Аббатской улице, еще был Лондон — и уже не был Лондон. Соседи уже отлично знали соседей; и все знали, конечно, глубокоуважаемого мистера Краггса. Все знали: на бирже — или вообще где-то — мистер Краггс удачно вел операции; имел текущий счет в Лондон-Сити-энд-Мидланд-Бэнк, прекрасную жену и был одним из добровольных апостолов Общества Борьбы с Пороком. Естественно, что шествие мистера Краггса в новых брюках к церкви Сент-Джордж — было триумфальным шествием.

Каждым шагом делая одолжение тротуару, сплюснутый монументик вышлепывал лапами, на секунду привинчиваясь к одному пьедесталу, к другому, к третьему: тротуар был проинтегрированный от дома до церкви ряд пьедесталов. Не подымая век, монументик милостиво улыбался, ежесекундно сверкал на солнце цилиндром и совершал шаги, украшенный соседством миссис Лори: так барельефы на пьедестале Ричарда-Львиное Сердце скромно, но гармонично украшают Львиное Сердце.

И вот наконец, уравнение торжественного шествия мистера Краггса решено: наконец — церковь.

* * *

Узкие ущелья в мир — окна. На цветных стеклах — олени, щиты, черепа, драконы. Внизу стекла — зеленые, вверху — оранжевые. От зеленого — по полу полз мягкий дремучий мох. Глохли шаги, все тише, как на дне — тихо, и Бог знает где — весь мир, краб, щека, распоротый шов в чулке, одноглазая Фиц-Джеральд, ложечки в футлярах, тридцать два года...

Вверху, на хорах, начал играть органист Бэйли. Потихоньку, лукаво над зеленым мхом росло, росло оранжевое солнце. И вот — буйно вверх, прямо над головою, и дышать — только ртом, как в тропиках. Неудержно переплетающиеся травы, судорожно вставшие к солнцу мохнатые стволы. Черно-оранжевые ветви басов, с нежной грубостью, всё глубже внутрь — и нет спасения: женщины раскрывались, как раковины, бросало Бога в жар от их молитв. И может быть, только одна миссис Лори Краггс — одна сидела великолепно-мраморная, как всегда.

— Вы не забыли относительно Бэйли? — шепнула миссис Лори мужу, когда кончалось.

— Я? О нет...— Мистер Краггс блеснул лезвием из-под опущенных век.

Одноглазая миссис Фиц-Джеральд тревожно поглядывала

вверх на гипотетического коршуна, собирала под крылья своих девять индюшечек в белых платьях и подымалась на цыпочки, чтобы не потерять в толпе мистера Краггса и не пропустить, как произойдет его встреча с Бэйли.

Снаружи, у дверей церкви, была могила рыцаря Хэга, некогда обезглавленного за папизм: на камне, в каменных доспехах, лежал рыцарь без головы. И здесь, возле утратившего голову рыцаря, скучились женщины вокруг органиста Бэйли.

— Мистер Бэйли, вы сегодня играли особенно. Я так молилась, так молилась, что...

— Мистер Бэйли, не могли бы вы — мне бы хотелось только...

— Мистер Бэйли, вы знаете, что вы — что вы.

Высоко над их раскрытыми, ожидающими губами покачивалась голова органиста, просвечивающие, с загнутыми краями уши. И еще выше, зажмурясь от себя самого, стремглав неслось солнце — все равно куда.

У органиста были длинные, обезьяньи руки — и все-таки нельзя было обнять их всех сразу. Органист блаженно покачал головой:

— Милые, если бы я мог...

Органист Бэйли задумался о великой Изиде — с тысячью протянутых рук, с тысячью цветущих сосцов, с чревом — как земля, принимающим все семена.

— А-а, дорогой мой Бэйли! Он — по обыкновению, конечно окружен .. Можно вас на минуту?

Это был Краггс. Он воздвигся на последней ступеньке лестницы, украшенной мраморным соседством миссис Лори, — и ждал.

Бэйли повернулся, как стрелка компаса, сдернул шляпу, путаясь в собственных ногах, подбежал, стиснул руку мистеру Краггсу и сиял в него глазами — было почти слышно: "Милый Краггс, единственный в мире Краггс, и вас — и вас тоже, обожаемый Краггс..."

Втроем они отошли в сторону, и только миссис Фиц-Джеральд оказалась неприметно сзади, одобрительно подкачивала головой каждому слову Краггса и одним глазом метала минусы-копья в спину Бэйли.

— Послушайте, дорогой мой Бэйли. Мне жена говорила, что вы постоянно портите ей пейзаж из окна ее спальни. Что вы скажете по этому поводу? А?

В голове у Бэйли шумело солнцевое вино, слова слышались плохо. Но когда услышались — Бэйли потух, лоб сморщился, сразу стало видно: масса лишней кожи на лице, все — как обвислый, купленный в магазине готового платья костюм.

— Миссис Лори? Не... не может быть...— Губы у Бэйли растерянно шлепали.— Миссис Лори, вы не говорили. Да нет, что я, конечно: вы — нет. Конечно...

Самому стало смешно, что поверил хоть на секунду. Махнул рукой — заулыбался блаженно.

Миссис Лори сдвинула брови. Она медлила. Уже шевельнулись на животе клешни Краггса, и радостно привстала на цыпочках миссис Фиц-Джеральд. Но в самый какой-то последний момент — миссис Лори громко рассмеялась:

— Представьте себе, мистер Бэйли: я говорила. И вы прекрасно знаете: я была наконец вынуждена сказать это. Да, вы знаете.

Бэйли заморгал. Опять: обвислый костюм из магазина готового платья. Вдруг обеими руками он нахлобучил шляпу и, не попрощавшись, не слушая больше Краггса, побежал, заплетаясь, по асфальту.

Сыпались вслед ему минусы миссис Фиц-Джеральд, он бежал — и на полушаге, ни с того ни с сего, остановился как вкопанный. Бог знает, что пришло ему в голову и что вспомнилось — но он улыбался настежь, блаженно, радостно махал Краггсам шляпой.

Краггс пожал плечами:

— Просто — ненормальный...

И двинулся к дому — с одного пьедестала на другой, с другого на третий, по бесконечному ряду пьедесталов.

5

Лондон сбесился от солнца. Лондон мчался. Прорвал плотину поток цилиндров, белых с громадными полями шляп, нетерпеливо раскрытых губ.

Неистовым от весны стадом неслись слоно-автобусы и, пригнув головы, по-собачьи вынюхивали друг дружку. Голосами малиновыми, зелеными и оранжевыми орали плакаты: "Роллс-ройс", "Вальс — мы вдвоем", "Автоматическое солнце". И везде между мелькающих ног, букв и колес — молниеносные мальчишки в белых воротничках, с экстренным выпуском.

Цилиндры, слоно-автобусы, роллс-ройс, автоматическое солнце — выпирали из берегов и, конечно, смыли бы и дома, и статуи полицейских на перекрестках, если бы не было стока вниз, в метрополитен и в подземные дороги: "трубы".

Лифты глотали одну порцию за другой, опускали в жаркое недро, и тут сбесившаяся кровь Лондона пульсировала и мчалась еще бешеней по бетонным гулким трубам.

Взбесившийся Лондон лился за город, в парки, на траву. Неслись, ехали, шли, в бесчисленных плетеных колясочках везли недавно произведенных младенцев. Миссис Лори сквозь прозрачнейшие стекла окна наблюдала шествие бесчисленных колясочек по асфальту.

В окошко Краггсов встревоженной дробью стучала миссис Фиц-Джеральд:

— Миссис Лори! Послушайте, миссис Лори! Не у вас ли моя Анни? Нет? Ну, так и есть: опять помчалась за город с этим... Нет, вы счастливая, миссис Лори: у вас нет детей...

На мраморном челе миссис Лори было две легчайших темных прожилки-морщины, что, может быть, только свидетельствовало о подлинности мрамора. А может быть, это были единственные трещины в непорочнейшем мраморе.

— А где мистер Краггс? — обеспокоенно поглядывала вверх одним глазом Фиц-Джеральд.

— Мистер Краггс? Он сказал, что ему надо куда-то там по делам этого его общества — Борьбы с Пороком.

— Нет, вы такая счастливая, такая счастливая...

Миссис Лори прошлась по столовой. Ножки одного из металлических стульев стояли вне предназначенных гнезд на ковре. Миссис Лори подвинула стул. Взошла наверх, в спальню, подняла штору, окошко открыто, спальня освежалась. Впрочем, миссис Лори была уверена, что окошко открыто, но почему-то надо было поднять штору, взглянуть.

Миссис Лори снова уселась в столовой и наблюдала шествие бесчисленных колясочек. А мистер Краггс — на лацкане белый крестик Апостола Общества Борьбы с Пороком,— мистер Краггс где-то медленно мчался в гулких трубах. Чугунные веки опущены в экстренный выпуск: в три часа цеппелины замечены над Северным морем. Это было совершенно кстати.

"Превосходно, превосходно".— Мистер Краггс предвкушал успех: атмосфера была подходящая.

И мистер Краггс решил использовать атмосферу — в Хэмпстед-парке.

Хэмпстед-парк до краев был налит шампанским: туман легкий, насквозь проволоченный острыми искрами. По двое тесно на скамеечках, плечом к плечу, все ближе. Истлевало скучное платье, и из тела в тело струилось солнцевое шампанское. И вот двое на зеленом шелке травы, прикрытые малиновым зонтиком: видны только ноги и кусочек кружева. В великолепной вселенной под малиновым зонтиком — закрывши глаза пили сумасшедшее шампанское.

— Экстренный выпуск! В три часа зэппы над Северным морем!

Но под зонтиком — в малиновой вселенной — бессмертны: что за дело, что в другой, отдаленной вселенной будут убивать?

И мимо неслась карусель молниеносных мальчишек: собиратели окурков, продавцы экстренных выпусков, счастья, целующихся свинок, патентованных пилюль для мужчин. И трескучий петрушка, и пыхающие дымом машины на колесах с сосисками и каштанами, и стада цилиндров — гуськом, как неистовые от весны слоно-автобусы...

Пронзительный свист — нестерпимо, кнутом. И еще раз: кнутом. Высунулись головы из-под малинового зонтика, цилиндров, белых громадных шляп: на столе — чугунный монументик, стоял и свистел серьезно.

— Леди и джентльмены! — Мистер Краггс перестал свистеть.— Леди и джентльмены, экстренный выпуск: зэппы над Северным морем. Леди и джентльмены, проверьте себя: готовы ли вы умереть? Смерть сегодня. Это вы умрете... нет, нет, не ваша соседка, а именно вы, прекрасная леди под малиновым зонтиком. Вы улыбаетесь, ваши зубы сверкают, но знаете ли вы, как улыбается череп? Остановитесь — только на секунду — проверьте себя, все ли вы сделали, что вам надо сделать до смерти? Вы — под малиновым зонтиком!

— Нет еще, они — не все...— тоненьким голоском пискнул примолкший было петрушка.

Засмеялись. Засмеялась прекрасная леди, закрылась малиновым небом-зонтиком и явно для всех прижала колени к своему Адаму: они были одни в малиновой вселенной, и они были бессмертны, и парк до краев был полон острыми искрами.

* * *

Мистер Краггс кружил вокруг малиновой вселенной, из-под зонтика видны были черные дамские туфли и коричневые мужские. Коричневые мужские туфли и шелковые, синие, в коричневых горошках носки — были явно очень высокого, дорогого сорта. Это заслуживало внимания.

Мистер Краггс гулял, неся впереди, на животе, громадные крабовые клешни и опустив веки. Опустив чугунные веки, мистер Краггс обедал, а за соседним столиком обедала прекрасная леди под малиновым зонтиком. Она была вся налита сладким янтарным соком солнца: мучительно надо было, чтоб ее отпили хоть немного. Яблоко — в безветренный, душный вечер: уже налилось, прозрачнеет, задыхается — ах, скорее бы отломиться от ветки — и наземь.

Она встала, леди Яблоко под малиновым зонтиком, и встал ее Адам — все равно, кто он: он только земля. Медленные, отягченные — поднялись на лиловеющий в сумерках холм, перевалили, медленно тонули в землю по ту сторону холма. Головы — один только малиновый зонтик,— и нету.

Мистер Краггс выждал минуту. Все так же что-то пряча под опущенными чугунными веками, взобрался на холм, огляделся — и с неожиданной для монументика крысиной прыткостью юркнул вниз.

Там, внизу, все быстро лохмател, все обрастало фиолетовой ночной шерстью: деревья, люди. Под душными шубами кустов нежные, обросшие звери часто дышали и шептались. Ошерстевший, неслышный, мистер Краггс шнырял по парку громадной, приснившейся крысой, сверкали лезвия — к ночи раскрывшиеся лезвия глаз на шерстяной морде, мистер Краггс запыхался. Малинового зонтика нигде не было.

"Лодка..." — Клешни мистера Краггса сжались и ухватились за последнее: раз или два ему случалось найти в лодке.

Тихий, смоляной пруд. Пара лебедей посредине пронзительно белеет наготой. И вдали, под уютно нависшей ивою — лодка.

Мистер Краггс быстрее зашлепал по траве лапами. Лебеди все ближе, белее. На цыпочках, осторожно перегнулся через ствол ивы.

Лодка — внизу. Кругло темнел, прикрывая лица, мягкий лохматый зонтик, недавно еще малиновый — в одном конце лодки, а в другом — лебедино белели в темноте ноги.

Мистер Краггс вытер лицо платком, разжал клешни. Счастливо отдыхая, пролежал минуту — и неслышный, шерстяной, на животе пополз вниз по скользкой глине.

— Добрый вечер, господа! — возле лодки встал монументик. Веки целомудренно опущены. Улыбались выперши вперед нос, нижняя челюсть и губы.

Мелькнуло, пропало лебедино-белое. Вскрик. Зонтик

117

выпрыгнул в воду и поплыл. Лохматый зверь выскочил из лодки на Краггса:

— Ч-черт! Какое — какое вы имеете... Да я вас просто — я вас...

Мистер Краггс улыбался, опустив веки. Страшные крабовые клешни разжались, заклещили руки Адама прекрасной леди Яблоко — и Адам, пыхтя, забился в капкане. Мистер Краггс улыбался.

— Вы — пойдете — со мною — на ближайшую — полицейскую станцию. Вы и ваша дама, — я очень сожалею. Вы объявите там имена — свое и вашей дамы. И мы встретимся потом на суде: мне очень жаль говорить об этом. О, вы скажите леди, чтобы она перестала плакать: за нарушение нравственности в общественном месте — наказание вовсе не такое большое.

— Послушайте... ч-черт! Вы отпустите мои руки? Я вам говорю...

Но мистер Краггс держал крепко. Леди Яблоко стояла теперь в песке на коленях, прикрывала лицо коленями и, всхлипывая, несвязно умоляла. Мистер Краггс улыбался.

— Мне, право, очень жаль вас, моя дорогая леди. Вы так еще молоды — и фигурировать на суде...

— О, все что хотите — только не это! Ну хотите — хотите... — Руки леди лебедино белели в лохматой темноте.

— Ну, хорошо: только — ради вас, очаровательная леди. Обещайте, что вы больше ни-ког-да...

— О, вы такой .. милосердный... как Бог. Обещаю вам — о, обещаю!

Одной клешней все еще держа обмякшего, убитого Адама, другою — Краггс вытащил свисток и вложил в рот:

— Вот видите: один шаг — и я свистну... — Он отпустил пленника. Оглядел его с шелковых носков до головы, прикинул на глаз — и коротко бросил:

— Пятьдесят гиней.

— Пятьдесят... гиней? — сделал тот шаг на Краггса. Свисток Краггса заверещал — еще пока чуть слышно, но сейчас... Пленник остановился.

— Ну? У вас чековая книжка с собой? Я вам посвечу,— любезно предложил мистер Краггс, вытащил карманный электрический фонарик.

Пленник, скрипя зубами, писал чек в Лондон-Сити-энд-Мидланд-Бэнк. Леди остолбенелыми глазами плыла со своим зонтиком: зонтик медленно и навеки исчезал в лохматой темноте. Мистер Краггс, держа свисток в зубах, улыбался: два месяца были обеспечены. Пятьдесят гиней! Так везло мистеру Краггсу не часто.

6

Темно. Дверь в соседнюю комнату прикрыта неплотно. Сквозь дверную щель — по потолку полоса света: ходят с лампой, что-то случилось. Полоса движется все быстрей, и темные стены — все дальше, в бесконечность, и эта комната — Лондон, и тысячи дверей, мечутся лампы, мечутся полосы по потолку. И может быть — все бред...

Что-то случилось. Черное небо над Лондоном — треснуло на кусочки: белые треугольники, квадраты, линии — безмолвный, геометрический бред прожекторов. Куда-то пронеслись стремглав ослепшие слоно-автобусы с потушенными огнями. По асфальту топот запоздалых пар — отчетливо — лихорадочный пульс — замер. Всюду захлопывались двери, гасли огни. И вот — выметенный мгновенной чумой, опустелый, гулкий, геометрический город: безмолвные купола, пирамиды, окружности, дуги, башни, зубцы.

Секунду тишина вспухала, истончалась, как мыльный пузырь, и — лопнула. Загудели, затопали издали бомбами чугунные ступни. Все выше, до неба, бредовое, обрубленное существо — ноги и брюхо — тупо, слепо вытопывало бомбами по кубическим муравьиным кочкам и муравьям внизу. Цеппелины...

Лифты не успевали глотать: муравьи сыпались вниз по запасным лестницам. Висли на подножках, с грохотом неслись в трубах — все равно куда, вылезали — все равно где. И толпились в бредовом подземном мире с нависшим бетонным небом, перепутанными пещерами, лестницами, солнцами, киосками, автоматами.

— Цеппелины над Лондоном! Экстра-экстренный выпуск! — шныряли механические, заводные мальчишки.

Мистер Краггс несся в вагоне стоя, держась за ремень, и не подымал глаз от экстренного выпуска. Цилиндры и шляпы все прибывали, сдвинули его с пьедестала — вперед — к чьим-то коленям — колени дрожали. Мистер Краггс взглянул: леди Яблоко.

— Ах, вот как? И вы здесь? Очень приятно, очень... Прошу извинения: так тесно...— Мистер Краггс снял цилиндр с улыбкой.

Леди Яблоко была одна. Леди Яблоко ответила мистеру Краггсу улыбкой, тупо-покорной.

В левом внутреннем кармане мистера Краггса лежал чек на пятьдесят гиней и грел сердце мистера Краггса. Мистер Краггс любезно шутил.

— Мы, как древние христиане, вынуждены спасаться в катакомбах. Не правда ли, мисс, очень забавно?

Мисс должна была смеяться — и не могла. Изо всех сил — и наконец засмеялась, вышло что-то нелепое, неприлично-громкое, на весь вагон. Со всех сторон оборачивались. Мистер Краггс, приподняв цилиндр, торопливо продвигался вперед...

— Гаммерсмис! Поезд нейдет дальше! — Кондуктор звякнул дверью, полились из вагона.

Сверху, сквозь колодцы лифтов и лестниц, был слышен глухой чугунный гул. Цилиндры и огромные, наискось надетые, шляпы — остались на платформе, влипли в ослепительно белые стены, слились с малиновыми и зелеными плакатами, с неподвижно мчащимися лицами на автомобиле "роллс-ройс", с "Автоматическим солнцем". В белых кафельных катакомбах спасалась толпа странных плакатных христиан.

Леди Яблоко потерянно огляделась, зацепилась глазами за

единственную знакомую фигуру — со сложенными на животе клешнями и вышлепывающими лапами — и механически, во сне, вошла в лифт вместе с Краггсом. Лифт понес их наверх, на улицу.

Там, в черном небе, мелькали белые треугольники линии, неслись с топотом и гулом глухие черепахи-дома, деревья. Леди Яблоко догнала Краггса.

— Послушайте... Простите. Не можете ли вы меня, ради Бога, куда-нибудь. Мне надо было в Лэйстер-Сквере, я ничего не понимаю .

Чугунный монументик остановился устойчиво на секунду, века. Из-под опущенных век в темноте — лезвия глаз:

— Право, я очень сожалею. Но я тороплюсь домой. И кроме того — Мистер Краггс неслышно смеялся, это было просто смешно — только подумать, он — и и какая-то.

Перпендикулярно над головой, в истончающейся тишине, стрекотал громадный шершень. Мистер Краггс торопился. Лори была одна. Он быстро вышлепывал лапами по асфальту. Показалось, чек перестал шевелиться в кармане, мистер Краггс приостановился пощупать — и услышал дробные, дрожащие шажки сзади издали к нему бежала тень, как потерянная, бесхозная собачка, робко, униженно.

Стало ясно: эта... эта женщина пойдет за ним до самых дверей, будет стоять всю ночь или сидеть на ступеньках, и вообще — что-то нелепое, как во сне.

Мистер Краггс вытер платком лоб, через плечо покосившись назад, — юркнул в первый темный переулочек попасть в дом со двора.

Ощупью, по выщербленным в верее кирпичам, мистер Краггс разыскал свою калитку и стукнул. В темном окне спальни неясно пробелело лицо — это было явно лицо миссис Лори. Миссис Лори размахнулась и что-то бросила из окна. Что бы это все значило?

Мистер Краггс долго стучал, стучал все громче — на всю Аббатскую улицу — но калитка не открывалась. Мистер Краггс обсуждал положение и старался вытащить из головы хоть что-нибудь удобопонятное, как вдруг топнули совсем рядом, тут,

121

чугунные ступни, задребезжали верешки стекол, свалился цилиндр мистера Краггса, и, ловя цилиндр, монументик упал на асфальт.

7

По воскресеньям, когда мистера Краггса не было дома, миссис Лори принимала у себя мать и сестру.

В сумерках — они приходили из Уайт-Чэпеля, стучали тихонько в заднюю калитку и через кухню шли в столовую. В металлической столовой они садились на краешек стула, в шляпах пили чай, съедали по одному кусочку кекса.

— Ну, пожалуйста, милые, берите: у меня в буфете — другой такой же, целый...— Миссис Лори торжествующе открывала буфет.

— Нет, спасибо. Право же...— Гостьи глотали слюну и, сидя на краешке, одним ухом вслушивались за окошко, чтобы не прозевать знакомого вышлепыванья лап и вовремя исчезнуть в кухню. Но слышался только шорох по асфальту бесчисленных плетеных колясочек.

— Счастливая вы, Лори...— вздыхали гостьи, любуясь.— Помнишь, как ты, бывало, с нами на рынке.. А теперь...

Мрамор миссис Лори розовел: это так нужно — извне получить подтверждение, что ты — счастливая...

Втроем шли в спальню. Миссис Лори зажигала свет, сияли хрустальные подвески, блестели глаза. На кровати, на стульях — невообразимо-кружевное, и белое, и паутинное.

— Ну, Лори, пожалуйста. В белом вы, должно быть, прямо — королева.

Миссис Лори раздевалась за ширмой. Вышла — в черных чулках, и в туфлях, и в тончайшем белом теплый мрамор миссис Лори чуть-чуть розовел сквозь белое, переливались, розовея, хрустальные подвески, и быстро колыхалась розовая занавесь на губах миссис Лори: вот-вот раздунется ветром.

— Счастливая вы, Лори,— вздыхали гостьи, любуясь.

Внизу кто-то стучал в дверь. У всех трех — одно Краггс.

— Господи, уж темно, давно пора домой,— вскочили гостьи.

Миссис Лори наспех накинула утренний белый халат, проводила мать и сестру через черный ход и открыла дверь.

Но это был не Краггс: в дверях стоял со свертком беловоротничковый мальчишка, и будто наивно так — шмурыгал носом, но один мышиный глаз хитро прищурен.

— Вам, мадам,— подал он сверток.

В свертке, как и прошлое воскресенье, был букет чайных роз, с оттопыренными, отогнутыми по краям лепестками.

Миссис Лори вспыхнула.

— Отдайте назад — сердито ткнула она букет мальчишке.

Мальчишка прищурил глаз еще больше:

— Ну-у, куда же: магазин не примет, деньги уплочены.

Миссис Лори побежала с букетом в спальню. Розы были очень спелые, лепестки сыпались по лестнице, миссис Лори растерянно оглядывалась. Сунула букет под кружевной ворох на стуле и, собирая по пути лепестки со ступеней, пошла вниз. Протянула три пенса мальчишке, стараясь глядеть вверх — мимо понимающе-прищуренного мышиного глаза.

Там, вверху, было черное мозаичное небо — из белых ползающих треугольников и квадратов.

— Ну, да, конечно: зэппы летят,— весело ответил мальчишка поднятым бровям миссис Лори.— То и гляди начнут. Спасибо, мадам...— и нырнул в темноту.

Миссис Лори спустила жалюзи в столовой и — вся в металлическом сиянье — торопилась уложить знаменитые ложки, каждую в соответствующий футлярчик: надо было скорей, пока еще не начали. На шестой ложечке, с тремя замками — герб города Ньюкастля — ухнуло глухо. Ложечка с тремя замками осталась лежать на столе, рядом с пустым футляром.

Тупые чугунные ступни с грохотом вытопывали — по домам, по людям — все ближе. Еще шаг — и мир миссис Лори рухнет: Краггс, ложечки, невообразимо-кружевное...

Жить — еще пять минут. И надо — самое главное.

"Букет.. Самое главное — выкинуть букет..." — очень торопилась сказать себе миссис Лори.

В спальне — выхватила букет из-под кружевной груды.

"Ну да, во двор. К нему же во двор, чтобы он..."

Она высунулась в окно, размахнулась. Пронеслось совсем близко бредовое геометрическое небо — и черная, вырезанная из качающегося картона фигура на соседнем дворе. Миссис Лори со злостью бросила прямо в лицо ему букет и услышала — может быть в бреду — такой смешной, детский, хлюпающий плач.

Топнуло тут, рядом; задребезжали верешки стекол, валилось; рушился мир миссис Лори, ложечки, кружевное.

— Бэйли! Бэйли! — Разрушенная миссис Лори стремглав летела по лестнице вниз во двор.

Мелькнуло бредовое небо. Мелькнула под забором черная, нелепо-тонкая фигура. И нежные, как у жеребенка, губы раздвинули занавесь на губах миссис Лори. Жить еще минуту.

На асфальте, усеянном угольной пылью, жили минуту, век, в бессмертной малиновой вселенной. В калитку стучали, стучали. Но в далекой малиновой вселенной не было слышно.

* * *

Электрические лампы потухли. Запинаясь лапами в лохматой темноте и раздавливая верешки стекол, мистер Краггс долго бродил по комнатам и звал:

— Лори! Да где же вы, Лори?

Чугунные ступни, ухая, уходили к югу, затихали Мистер Краггс нашел наконец свечку, побежал наверх, в спальню.

И почти следом за ним на пороге явилась миссис Лори.

— Господи! Где вы были? — повернулся на пьедестале мистер Краггс — Цилиндр, понимаете, сбило цилиндр...— Мистер Краггс поднял свечу и раскрыл рот белый утренний халат миссис Лори — расстегнут, и тончайшее белое под ним — изорвано и все в угольной пыли. На ресницах — слезы, а губы.

Занавеси не было.

— Что с вами? Вы... вы не ранены, Лори?

— Да... То есть нет. О нет! — засмеялась миссис Лори.— Я только.. Выйдите на минутку, я сейчас переоденусь и спущусь в столовую. Кажется, уже все кончилось.

Миссис Лори переоделась, тщательно собрала лепестки с полу, уложила их в конвертик, конвертик — в шкатулку. Чугунные ступни затихли где-то на юге. Все кончилось.

1918

КОЛУМБ

1

У Колумбов землишка была в Рязанской губернии, десятин там сто-полтораста — жили не горазд богато. А учителя сынишке своему — англичанина выискивали, да и не просто чтоб был англичанин, не из Англии, а из самых из Северо-Американских Соединенных Штатов. А иначе никак и нельзя: фамилия ихняя такая особенная. Хоть и не Христофор, а Иван Иванович сын-то их, ну, а все-таки, знаете, нельзя...

— В Рязанской губернии у нас — чистая беда, ничего-ничегошеньки нету, — жаловался Колумбов отец. — Ивану своему учителя ищу. Американца надо. Другой год уже бьюсь, никак не найти...

А пока что препоручили Иван Иваныча обучать дьячку Евдокиму. Временно, конечно.

Дьячок Евдоким пчел до страсти любил водить. И пока о пчелах Ивану Иванычу рассказывал, о премудром житье их, слушал малый его. А как чуть Евдоким насчет чистописания или диктанта — так сейчас Иван Иваныч лататы. Евдоким — за ним. Догнать-то, конечно, куда уж... А вот засядет Евдоким в бурьян или где-нибудь там за дверью — да оттуда скок. И сцапает Ивана и представит к отцу: так и так, мол, шалберничает малый, приструнить бы надо. А Иван Иваныч пред отцом стоит, ижицей ноги растопырил, упористо этак: сдвинь-ка, мол. И лоб нагнул, а на лбу, слева и справа, колечки жестких волос, как у бычка молодого. Пощупать тихонько бы: нет ли под теми колечками, не выбиваются ли маленькие твердые рожки. Отец мимо куда-то в окно глядит, равнодушен:

— Ну, что там... Это ведь так себе, временно. А вот когда мы тебе англичанина достанем из Соединенных Штатов, тогда уж... Ты, брат, одно себе запомни, какая твоя фамилия особенная. Сообразно живи...

126

Прошло года три — и сковырнулся старый Колумб: пробовал собственного изобретения молотилку, разнесло молотилку вдрызг — самого и убило. Так и помер — сыну американца не отыскал.

Открылись долги, землишку Колумбы продали, мать уехала к тетке в именье жить. А Ивану Иванычу куда же деваться? Ивану Иванычу только и осталось в юнкерское идти.

В юнкерском Иван Иваныч раскорячился, стал в коридоре подле бака с водой кипяченой, да так два дня и простоял: воду все голошил и глядел все кругом, прехмурый, — так все было далеко от лесов-полей.

А кругом как в котле кипучем кипит. Юнкера — по коридору гуляют, обнявшись; юнкера — за дверью в углу грабят пирожки у новичка; а самые какие похитрей — гладят полковницкую Мимишку:

— Мимишка, Мимишка, ах ты какая... Какая белая-то, а? — и погладывают умильно на полковника, а Колумб из-за угла, из глуби — на них.

"Эх, пинком бы эту самую Мимишку и всех... и задать бы лататы..." Но лес далеко.

После обеда Мимишка с ума сошла: фыркала, визжала, кружилась вокруг себя, как овца в вертячке злой.

— Мимишка... Мимишка сбесилась. Держи, а, держи...

Поймали, поглядели: ан она... голубая, Мимишка-то, а не белая...

Полковник прибежал. Нос у полковника приставной, на очках держался — нос у полковника запрыгал:

— Как? Сейчас же... Кто?.. — а голосу и нет уж. Юнкера прятались за спины. Из-за спин вышел Колумб на середку, уставился попрочней:

— Это я, господин полковник. Это я тушью голубой намазал.

— Как-как смел? В карцер... на-на сутки! Нет, ты зачем это сделал?

— Я стоял... — начал было Колумб; ("Да нет, не поймет безносый".) — Так надо было, господин полковник.

— На-надо было? На-на-на трое суток!

Колумб — налево кругом и в карцер. Но за "голубую" Мимищку — освободили Колумба от "приемных испытаний". Всех других новичков-пистолетов "поцукали" здорово: какие ночью в спальне в сапогах на босу ногу прыгали через веревочку; какие пили двенадцатую кружку воды; какие кончали получасовой бег на месте...

Колумб держался дичком, всегда хмурый. И было видать: что-то шевелилось за крепким его лбом, а что — неизвестно. Со всеми Колумб разве только водки хлебнет иной раз. Да и то, выпивши, все так же крепко стоял он на ногах, как вчера, и все так же молчал.

Как-то раз на занятиях по тактике загудела в классе синяя муха-громотуха. Звонко так, важно. Прислушались юнкера — и услыхали: а ведь весна, ей-Богу. Почесались:

— Эх, да кабы не экзамены...

И загудела по классам, как рой пчелиный, зубрежка: зубрили науки вслух, и всяк свое бормотал. А за окном, как назло, зеленая лезла травка, воробьи верещали вовсю.

Позанимался Колумб, приустал, учебу отложил. "Нет, а гулять идти не резон: потом за книгу не сесть. Лучше уж так что-нибудь почитать".

Какая-то про химию книжка. Страничка, другая, десятая...

"Из воздуха, ну, просто вот из воздуха — и вдруг селитра. А из селитры, известно, порох..." — так прошибло это Колумба, ну, просто... Химия — вот это, мол, наука так наука, а не то что...

Наутро на толкучку побежал Колумб, накупил там старых химических книг, снадобий, пузырьков — и засел. В парте у себя развел лабораторию целую. Крышку парты поднимет, голову — под крышку и ворожит с утра до ночи.

— Колумб, да будет тебе играть-то! Обедать пойдем.

— Я не играю,— голос такой сумрачный, должно быть, и впрямь — не играет.

На тактике Колумб устойчиво ноги расставил и долго молчал. И к ужасу экзаменаторов — вдруг:

— Я собственно химией занимался...

— Хи-ми-ей!?

И тут Колумб, загоревшись, высыпал вдруг все: про воздух, про селитру, про алхимию, про абсолютный нуль... Полковник подергал очками (и вместе с очками — носом) и сказал:

— Мм... по химии — отлично. Но по тактике — абсолютный нуль. Вот именно — абсолютный нуль. Так и запишем.

Так шло и дальше. С книгой Колумб сидел постоянно, но смотрел мимо страниц. Над одним каким-нибудь словом засидится — и час, и два над ним сидит: обязательно ему надо добраться до самого корня, до дна, до "настоящего". С такой сноровкой просидел Колумб в юнкерском два лишних года, да и то еле-еле, через пень-колоду; добрался до конца.

2

Город был тихий. Жители всего боялись: исправника, соборного протопопа, собак, коров, даже комолых. Некуда было пойти: в винт Колумб не играл и учиться играть не хотел. Колумб обложился книгами и читал до "корня", чтоб дочитаться.

— Все, брат, читаешь? — любопытно заглядывал в книги Володя, поручик, сожитель квартирный.

— Да вот... читаю.

— Гм. Ну, и про что же, например, так — если в двух словах?

— Это-то вот? Это — про "вещи в себе", то есть... Я это только еще издал я... а уж чувствую: это-то она и есть, понимаешь, уж до корня, до дна... Не то что вот сукно — зеленое снаружи, а какое оно — настоящее... На-сто-ящее!

— Смотри, брат Колумб, в кошелке поедешь. Помнишь, про дьячка-то я тебе: Библию всю прочитал — да в кошелке и поехал.

Помолчит, посмакует папиросу Володя — и заключит:

— Настоящее-то, брат, в жизни одно... — и такую пулю отольет, что у Колумба уши завянут.

Ругается Колумб про себя: "И чего я с ним? И чего я ему вздумал?.." В сочельник вечером, часов в шесть, вышел Колумб за ворота. Мороз был крепкий, остро мерцали звезды, и тишь была темная, недвижная, но живая, особая, во чреве своем таящая праздник, свет.

"Что-то будет завтра? Хотя бы что-нибудь новое, особенное. Немножко бы хоть..." — затомился Колумб.

В подгородной слободке, тут и там, тихие, теплые, далекие запылали костры: обогревали Христа. И вместе с Ним грелся Колумб.

— Глупое же это, ненастоящее, ненужное, а вот же — хорошо, значит... А, ч-черт, — дрогнул Колумб.

Володя захохотал — всю тишину, весь сочельник взбулгачил.

— Испугался, брат? То-то. А ты знаешь, дела-то какие творятся? Новый командир ведь приехал...

— Да ну?

— ...и, брат, с дочкой, дочку видел мимоходом.

— Ну и что?

— Н-не тово что-то, не показалась, — покрутил Володя.

Наутро — обедня, свечи, золото риз, синий ладанный дым. И будто от запаха этого дыма — жалость о чем-то детском и досадная злость.

"Что я в самом деле? Развеяло..." — и упористо, ижицей ноги расставил Колумб и стоял спокойный уже до конца.

В два часа Колумб был с визитом у командира. Не было больше никого. Колумб стоял в пустой зале перед командиром, упрямо нагнув голову.

— ...Главное, здесь клымат здоровый... Главное, здоровье... — размеренно читал командир.

"Здоровый... здорово... здоровье... — слушал Колумб, глядел на дощатый живот командира, на жилистые длинные ноги. — Наверное, он немец. Пфуль, Пфуль", — вспомнил Колумб. И юркнул в первую же паузу командирской речи. Скорее домой, к книгам.

На второй день было солнце: морозное, звонкое, в упряжи из радужных, радостных дуг. Колумб сидел у окна полюбимому: упористо, крепко голову уперев на правую руку. Мимо катила сани тройка, черкнул затем больно Колумба клич колокольчиков. На ухабе раскатились сани — к самому окну — и за стеклом совсем близко увидел Колумб: деревянная голова командира. "Пфуль, Пфуль!" — и рядом с ним — закинутое назад девичье лицо, меховая черная колокол-шляпа и у самого края — на черном — серебряной парчи цветок — и слеза алая — тлеет в сердцевине цветка... Лица ее Колумб так и не видел.

"Какое могло оно быть? — Серебряным цветком с алым маком в глуби, — засело это в Колумбе, отвязаться никак не мог. — Закинутое назад... Все это отлично, к серебряной парче подойдет, но причем же алая... Просто безвкусица".

— Колумб, ливерная — великолепная, поди, ливерной поешь, — басил в столовой Володя.

— Ливерной... — рассеянно поморщился Колумб. — "Ливер... Собственно, л'ивер — летнее, красное. Но причем же оно?" — Да не хочу же, отстань, — крикнул он Володе. — "Надо дождаться, надо".

Васинский дом, где жили Колумб, и Володя, и Васин с женой — на самом почти краю стоял; дальше был снежный, белый обрыв — Тяпкин лог, и где-то вдали золотели за логом кресты — девичий монастырь.

От Тяпкина лога тройка круто повернула назад и пошла потише в спорую рысь. Снова раскатились сани со скрипом — и снова мигнуло Колумбу знакомое черно-серебряно-алое. Но теперь и командир, и она сидели к нему лицом — и Колумб жадно в самомалейшую секундочку какую-то схватил ее черты. Нос был никчемушне короткий, а губы — и верхняя, и нижняя — большие, губы — половина лица. Ну, вообще...

Колумб пошел есть ливерную колбасу. Все думал о чем-то и не примечал, что уписывал уж вторые полфунта.

"Неужли ж закон природы таков, что в лицо глядеть не надо? В самое лицо-то? Ну, не-ет..."

Вечером в новом деревянном Собрании на краю того же Тяпкина лога окна все полыхали. Отпирал Колумб форточку —

и с паром морозным влетало: трум-ппа, трум-ппа. Труба — совсем оглашенная какая-то.

На бал отправились Володя с Шурочкой, Васиной женой. Шурочке было уже сорок с гаком, но иного звания, как "Шурочка", она и знать не хотела и шла на балы с превеликим удовольствием.

Капитан Васин и Колумб домоседствовать остались. Колумб, может быть, и пошел бы, да боялся, не хотел еще раз увидеть то лицо. А с Васиным Колумб был не прочь посидеть и поговорить. Оно, положим, не совсем "поговорить", потому что Васин всегда куда больше говорил, чем слушал, но говорил как-то так, что думать Колумбу не мешал.

Сидели они с Васиным за самоваром в столовой. Васин дул десятый стакан с куличом: выпьет и еще десять. Колумб глядел на громадный лысый, от чая упревший Васина лоб.

"Ну, что же он, Васин, умен, как поп Семен, или глуп, как пробка?"

А Васин, с первого стакана начиная, все жарил на память "Руслана и Людмилу". На всех особенных словах, вроде <пропуск в авторской машинописи. — Сост.> Васин толстым пальцем ковырял сюртук Колумба и губастым смешливым своим ртом расплывался, сиял...

За "Русланом и Людмилой" следовал иной раз псалом, иной раз Жуковский, иной раз Барков. Видимо, Васину самое это чтение вслух, рифмы, ударения — хитрая вся эта механика — неизъяснимое давала наслаждение. Скоро начинал он жмуриться, облизываться, потом тачал уже стихи с закрытыми глазами, с мокрыми смачно губами. Забавно на него было глядеть, и только никто вот уразуметь не мог, ума ли палата Васин или только...

— Послушайте, Васин... Да бу-удет вам со стихами... Вот... единство материи там и прочее. Ну, а как же вообще-то приводится все к единой истине, или?.. И если нет, то как же?

— Ис-ти-на, хватил. "Тьмы низких истин..." Истина, брат, просто, по-моему, блядь, проститутка, — пояснил Васин и, довольный, смачно засмеялся.

— Глупо, — нахмурился Колумб.

— Нет, брат, вы, зеленые, глупы. Она, брат, бежит впереди, юбчонку подымает... А вы-то, зеленые, глазами туды — у-ух. А того же не понимаете, что она... она...

— Что?

— То-то: ште? — передразнил Васин — и вдруг серьезным стал его рот. — Ну, и довольно, — отодвинул он стакан и ушел.

3

День ото дня командир деревенел и строжился все пуще, чистый Пфуль. Налетел на распёк и Колумб.

У Колумба в роте был такой солдат Куродоев Иван Степаныч. Солдат как солдат, а только был Куродоев до службы — у себя на селе — сперва на клиросе певчим, а потом у пономаря-старика подпономарем. Наловчился, дело пономарское справлял за милую душу: со свечой тай ходить, апостола читать, в гласах не запутаться — все умел. Ну, вот и осталась у Куродоева повадка такая пономарская, благолепность, степенность, важность — во всем. И величал его Колумб "Иван Степаныч" всегда. Роте, конечно, полное удовольствие, потеха, а уж Куродоеву...

Каким-то манером прознал командир про "Иван Степаныча" этого самого — и-и на Колумба насел: подпоручик Колумб развращает нижних чинов... подпоручик Колумб не знает устава о службе...

Колумб стоял, голову нагнув, упористо ноги расставив, упрямо молчал. И только нотой — такой ходил зеленый — не подступайся. А тут еще в канцелярии приспела работа: канцелярии Колумб не терпел.

Полковая канцелярия была в полуподвальном этаже. Рядом с Колумбом сидел за столиком Васин, читал, зажмурясь, стихи. Из-под самого потолка сквозь окно дразнило февральское солнце. Сзади, французя в нос, дразнил полковой адъютант:

— Отчего вы пьете молоко? Молоко атрофирует все железы кроме грудных. Этак вы Америку свою не откроете и порох свой не изобретете... — Колумб упрямо молчал, глотал молоко льдяное. Наверху, в его окне, медленно мигая, шли ноги. Колумб. уже привык — Колумб знал: это ее ноги.

"Короткий этот нос, широкие губы... И правильно, и правильно, что имя — тоже безобразное... Прасковья, хм, как это они из Прасковьи получили Панни?"

Панни шла опять мимо, но не одна уж; рядом с ней шагали офицерские чьи-то ноги. Остановились, потоптались против окна. Дальше... "Гуляете? Гуляйте, гуляйте..."

И опять — как нарочно — против самого окна..

Вдруг медленно, спокойно, как сумасшедший, Колумб полез на свой стол со стаканом молока в руке.

— Васин, Васин, да держите ж его, — шипел адъютант.

А Колумб открыл фортку, выставил голову и стакан молока и сказал таким приветливым тоном:

— Барышня, не хотите ли молока? От-лич-ное...

И так же спокойно, без улыбки, слез со стола и слушал весь пеной вскипевший переполох.

— Послушайте, Колумб, — сконфуженно потер Васин лысый лоб, — но ведь... это же нелепо.

— Нелепо? Ну и ладно. А вы думаете, я не знаю, что я нелепый человек? Не менее нелепый, чем Мимишка...

— Мимишка?.. — раскрыл рот Васин.

Гауптвахта была тут же рядом с канцелярией, за толстой стеной. Колумб лежал на узкой и жесткой постели, но было ему покойно теперь, хорошо. Может, оттого, что завесил окно туман, уютный и теплый. И Пфуль деревянный и Панни-Прасковья заглушились туманом, звучали где-то очень далеко. Колумбу было покойно.

На стене мелькало багровой улыбкой весело гибнущее в тумане солнце. Как метельные вихри кружили Колумба странные, туманные умозаключения.

"...и сразу — сумерки в поддень. А может мы, северные люди, только в сумерках-то и живем? Предметы — мигают, исчезают, плывут... — и, может быть, существа...

...И все-таки теперь они — настоящее, чем безобразно-ясные днем... И вот что, может, в полдень-то мы, сумеречные люди, — слепые, бестолково тычемся головою в стенки и не видим двери. И только в сумерках... как большеголовые ночные..."

Осторожный стук в окно — порвал непрочную цепь. Колумб вскочил:

"Что за черт? — послушал. — Нет, верно, стучат".

Неизвестно отчего волнуясь, вскочил на стул, раскрыл фортку. Это была она. Ее слишком короткий нос и широкие...

— Послушайте, вас зовут Колумб, это... Но вы на меня, пожалуйста, не сердитесь, Колумб, что я сказала отцу, и вас... Потому что на улице засмеялись. А теперь я подумала: очень хорошо, вы не побоялись отца, мне нравится.

Колумб молчал — и глядел — в ее глаза. Глаз Колумб раньше не видел — а теперь исчезло все лицо — одни громадные глаза, как у большеголовой ночной...

— ...Хотите я вам принесу обед, я сама? Тут ведь только через двор перебежать... — Панни просунулась в фортку еще больше, любопытно метнула глазами куда-то в угол.

— Ах, какой обед! — досадливо махнул рукой Колумб. "Зачем же она увела глаза?"

Панни фыркнула сердито:

— Не хотите? Как угодно. А только помните, я... — и нырнула в туман, и нет...

Недоуменный стоял Колумб на стуле, дико скакало сердце. Зажмурился — и явственно, ну, совсем как живые — раскрылись опять ее глаза.

"Как же я не видел глаз? Глаз-то, глаз-то и не видел? Черт! и Бог знает что... Ее — такую, такую..."

Притулился в углу на кровати Колумб — и думал, и думал, стучало, мучило, жгло...

"...Но глаза, глаза... Как? как что? как бы это?.."

И вдруг — из ничего — встрепенулась в Колумбе одна странная детская ночь...

Колумба разбудил набат. Вскочил — окно полыхает красным, вздымается, гаснет. "Это у нас?.."

Вошел отец. У отца — как раз тогда был запой — глаза с кровью, небритый, страшный.

— ...Да, у нас, на пруде летний домик... Но ты сейчас чтобы спал... Слы-ш-шишь?

А набат все звал, все звал. Не стерпел Колумб, в одной белой рубахе — за окно, босиком по темным, живым от набата аллеям — к пруду.

...Колышется кровь или огонь — в пруде, на красном черные, как черти в аду, мелькают, машут. А отец...

На парадном ходе, на приступках — именно на приступках, как сейчас это ясно Колумбу, — отец нещадно его сек последний и первый раз в жизни. Колумб упрямо молчал, не пикнул. А сердце — зашлось от муки, и будто вот неминуемо еще — и конец, и смертно-сладкой болью заныли ноги...

Уж как — неизвестно, но утром ускользнул Колумб и опять туда — к пруду.

Не было никого уж. Теплые точки головней алели в воде. Темная, тихая, невероятно глубокая манила вода смертным покоем.

"И как же жить после приступок?" Набрал Колумб воздуху, нагнулся, ахнул вниз... "...Вот... да... Вот глаза — такие же... Так же тянет вниз...

Тогда вытащил кучер — а теперь... И не надо, и не надо..."

В открытую фортку наползал туман — желтоватый, древний — дремал и видел во сне: вот дремлет на черствой кровати Колумб...

"Нет, это я тебя вижу во сне, а не ты — меня", — заспорил Колумб.

4

Утром в субботу Колумб вышел с гауптвахты. Шел по улице, щурился лт света настоящего отвык, задыхался — от...

от... Он уверен был непоколебимо уверен, что сейчас... ну, если не сейчас, так где-нибудь, на краю Тяпкина лога, у Собрания, встретит её. И тогда...

И до Собрания дошел. И на краю постоял Колумб, поглядел тоскливо на кресты далекого монастырька. Но не было Панни. Совсем с панталыку сбитый, с тропинки сбиваясь на цельный снег, потащился Колумб обратно.

"Ну, вот сейчас и Васину стихи, и Володя... Ах; как все это..." — нехотя топтался Колумб у своих дверей.

А из-за угла, чуть слышно тренькая колсжольцем, выступала медленно тройка. Та же самая. Командир — и рядом она, ее чёрная колокол-шляпа, серебряно-холодный цветок и алый, как тлеющая головня, рядом... Но глаза — но теперь же видны Колумбу её глаза — и всё ясно и... "Господи, если бы она только..."

Колумб взял руку к фуражке. Такое это обычное, но Колумб весь вздрогнул, отдавая честь, — как от поцелуя. Деревянно-сердито вскинул рукой командир. А серебряный цветок на шляпе не дрогнул: голова была всё так же неприступно закинута назад. "Как будто не видела".

Колумб, как слепой, толкнулся в дверь не руками, а головой, изо всей мочи — головой... Колумб был весел до черта, молол чепуху, как пьяный, Колумб даже шутил. Володя в знак изумления надул пузырем румяные, спелые щеки:

— Пфуф, ты Господи. Вот гауптвахта как человека обернула... Чисто куро-орт. Поди и не гадал Пфуль, что такое тебе удовольствие доставит... А Панни-то, Панни-то, скажу я тебе...

Колумб стал просить глазами Володю о чем-то. Но Володя не слышал глаз. Володя улыбался предовольно. Володя стал совсем уж лубочный Еруслан Лазарич, только что кудрей не хватало.

— Я, брат, приволокнулся за ней, уж если начистоту... До чего, знаешь, зла, до чего пылит, ну просто... Да только со мной, брат, не больно, я ее живо... А хороша, хороша — огонь.

Колумб сломал папиросу, бросил, закурил новую;

— Хм, хороша уж. Действительно — вкус удебэ. Носяка-то, как у Павла Первого... А ротяка — не дай Господи.

— Дура. А глаза, видал? Глазищи-то?

Колумб набрал в себя воздуху до самой глуби, до дна.

— Глаза? Ну, уж это известно: коли страхуля, так всегда глаза да волосы хвалят...

Володя осерчал всерьез, Володя больше и разговаривать с Колумбом не хотел.

"Не видал, а туда-а же..."

Володя вытащил из-под кровати скрипку и начал изображать: играть он давно уж бросил — и только "изображал".

Сперва — мычала корова; потом, сани скрипели по снегу; потом — скрипучим голосом Пфуль разносил Колумба. Это было и впрямь похоже. Чудно стало. Первым смеялся Володя, сам смеялся по-ребячьи, нутром и весь трясся. А за Володей — Васин, гармоникой собрал огромный свой лоб; за Васиным — Колумб, и не смеялись у Колумба только глаза.

Под конец изобразил Володя, как кровать скрипит, и совсем уж неудобосказуёмое нечто, и крякнул, довольный;

— Вот скрыпку возьму да распотешу девулек на вечеринке у Водоемких.

— Возьми меня, Володя, к Водоемким. Хочу с Лизанькой познакомиться, — придумал Колумб, помолчав.

— Да что ж это с тобой за чудеса? — подивился Володя еще раз. Но с собою Колумба взял: такой уж был дом у Водоемких, странноприимный, веди кого хочешь, всякому рады.

Лизанька была самой младшей. Четыре сестры были курбастые, толстые, "тумбочки" по прозванью, все в старика Водоемкого. Одна Лизанька в мать пошла: фарфоровая была, точеная вся, ручки-ножки малюсенькие; ручкам-ножкам под стать и умишко. Всегда притчилось Лизаньке: смеются мужчины над ней (да оно, и правда, случалось). И на всякое слово мужчинское был у ней один ответ:

— Да-а, вы еще тоже вы-ыдумаете... Знаю я...

Колумбу стало жалко ее, фарфоровую, — и нюхом каким-то нашел он нужный с ней разговор: шуток никаких не шутил, а просто, серьезно рассказывать стал про старую свою бабушку.

— ...А звала меня бабушка "Ванюшенька". Очень меня любила. Пышки мне ржаные на яраге пекла, старинные — и вкусные же только...

Лизанька перестала глядеть недоверчиво:

— Ржаные пышки? Да, это, правда, вку-усно, — Лизанька облизнулась.

— ...А платье одно у бабушки было со шлейфом, с отделкой аграмантовой, тяже-елое. И в сундуке лежало — был у бабушки сундук такой, с диковинами всякими. Ордена, там, дедушкины, шпага, письма. Письма меня вслух читать заставляла: бумага желтая, слова старинные, милые, а бабушка слушает и плачет, разливается сладко...

— Не надо больше про бабушку, — сказала Лизанька.

Глянул Колумб в кукольные ее глаза, увидел крохотную в них слезинку, замолк — вспомнил алый какой-то блеск — замолк, погас.

Перед ужином залучил Володя Колумба в уголок:

— Ну-у, брат, ты и мастер!

— На что?

— Что? Сейчас мне Лизанька призналась: "Подпоручик Колумб вот это, — говорит, — не то, что ваши все, в подметки не годятся... Он сурьезный, он понравился мне, я такого не видала".

Упрямо нагнул голову Колумб:

— И Лизанька мне очень понравилась. Красавица какая. Тонкая и прямая. Не чета, там, Панни твоей...

— Хорошо-о, хорошо-о, я, брат, завтра Панни-то скажу. Про все скажу-у, и про Лизаньку, и про все.

Мигнул Колумб чуть заметной улыбкой.

— Ты на самом деле, не вздумай. Не говори уж, пожалуйста, — принахмурился он.

— Аб-бязательно скажу... Аб-бязательно...

Володя последние дни у командира стал первый гость. И на завтра, на воскресенье к обеду был зван.

Колумб сидел у окна, ждал Володю домой. "Пора уже, пять часов".

На прозрачном еще небе шевелилась весенне-печальная ветка. Звезды выходили омытые, бледные, взволнованные.

Когда перестал уже ждать Колумб, из-за угла показался Володя — и рядом с ним Панни...

Колумб, весь дрожа, прижался к стеклу и смотрел...

...Простились. Володя сделал лубочный жест рукой, Панни повернула к себе.

...И вдруг, когда Володя захлопнул за собой дверь, она огляделась — и быстро, почти бегом завернула за угол, за Собрание — на берег Тяпкина лога.

Мигом накинул Колумб шинель — и пока Володя, напевая, стучал в передней калошами — он нырнул через черный ход. Бегом, глотая, как рыба, морозный воздух, — добежал Колумб до угла.

Спиной к нему, по берегу лога медленно шла Панни. Черная вся, резко выделялась она на гаснущем розовом небе. Повернула. Колумб отшатнулся в тень, в подъезд — и ждал. Приметил — сам за собой, — что левый бок прикрыл локтем, рукавом: должно быть, чтоб не слышно было, как бьется... Улыбнулся в темноте.

Нетерпеливая, хмурая прошла Панни мимо. Завернула. Дошла до васинского дома, постояла — и обратно, и снова шагала по берегу темного лога.

Когда она сделала то же и в другой раз, и в третий, и в четвертый — Колумбу показалось, что он понял. Голова закружилась у него так, что еле на ногах устоял,

Вышел испуганный бледный месяц.

Панни опять подходила к темному подъезду. Колумб шагнул раз, два — стал в сугробе поодаль от ее тропинки. От дыхания месяца — бледный, почти зеленый, с недвижным лицом, снял фуражку Колумб и отдал низкий поклон.

Как урытая стала Панни. Сверкнула, губы закусила:

— Вы были здесь, вы были здесь все время, пока я?..

— Да, вот тут, в подъезде, — весело показал Колумб.

Так нахмурила брови, так его сверкнула громадными ночными глазами — и повернулась...

5

Командир ходил взад-вперед, деревянно стучал: видимое дело, не знал как начать.

— Послушайте, подпоручик Колумб... Я уже... уже этого не понимаю. Вы знаете, о чем?..

— Нет, ваше превосходительство, не знаю, — чистосердечно сказал Колумб.

— И — еще отпираться? Уди-ви-тельно! Не знаете — я вам скажу. Вы преградили дорогу, вы не пускали пройти молодую девушку. И вдобавок эта девушка была...

Колумб недоуменно молчал. "Преградил дорогу — не позволял пройти?.."

- Моя дочь, моя дочь, дочь вашего ко-ман-дира! — крикнул Пфуль.

Колумб широко распялил глаза. И помалу, помалу просветлел, улыбнулся: он опять — понял. И сказал:

— Я прошу извинения у вашего превосходительства. Я сознаюсь. Это действительно так. Я готов обещать...

Дерево отмякло — отошел командир. По означенному случаю вместо гауптвахты объявляю вам выговор.

— Покорно благодарю, ваше превосходительство, — весело, по-солдатски, крикнул Колумб и — левое плечо вперед.

Колумб шагал радостно, крепко, по твердой земле. "Да, да. Пусть "преградил дорогу — я согласен"....

Дома его встретил Володя. Нынче был он наособицу лубочный: лихие черные усики торчали торчмя, щурились вишенки-глаза, в охотницкий присвист слагались пунцовые губы...

Стал было Володя Колумба пытать, как да что командир — и вдруг не стерпел, перебил, подмигнул:

— А я, брат, втюхался по сих пор... В Панни, в нее.

Колумб молчал. Володя нагнулся к уху:

— Да и она — в меня тоже. Это я тебе по секрету. Я, брат, думаю: какого ч-черта, уж не жениться ли мне на ней. Ей-Богу, а?

Вдруг Колумб как будто уразумел: крепко этак, как другу, потряс руку Володе:

— Ну, конечно, чудачина, женись, чего там. Раз ты ее, а она тебя... Я за тебя, Володя, очень рад, от... от... от души...

А уж дальше он был сам собой. Все сумерки без огня просидел в своей комнате. И как только вздрогнули на небе весенние звезды, Колумб вышел из дома и, упрямо не глядя туда, где синел старым снегом Тяпкин лог и где, наверное... он знал, ну, знал вот всем нутром...

Нарочно медленно шел Колумб на Третью Поперечную к Водоемким, к Лизаньке. Насвистывал что-то. "Вечер такой распрекрасный, тьма тьмущая звезд..."

Лизанька так протянула Колумбу точеную ручку, так зацвела, что Колумбу стало даже стыдно малость. А чего — он и сам не сказал бы.

За самоваром сидел старик Водоемкий. Когда он дома бывал, всегда уж сам ведал чаем. Особливые секреты имел, как заваривать надо какой чай, как наливать: как он — так никто не сумеет.

Беловолосая, белая вся, полковница протянула мужу свою чашку:

— А ну-ка, еще одну, старик?

— Это я-то старик? — Водоемкий стукнул каблуками, да эх... сапоги-то уж стариковские козловые без шпор... — Я вот на Масляной со шпорами надену, отхватывать мазурку пойду...

— А вы знаете, как он танцовать стал? — повернулась полковница к Колумбу и обсыпала его, как снегом, смехом белым и тихим. — Он меня приглашает... (я еще девчонкой, как вот Лизанька, была...) Танцовал, танцовал, сели — разговором стал занимать: "Да-с, — говорит, сударыня, вы не думайте, я не как прочие, я для пользы танцую, мне это доктор для моциону прописал, от запору-с..."

Попунцовел, засмеялся старик. Зазвенела Лизанька тонким фарфором, глядя Колумбу в глаза. "Они хорошие, и Лизанька — хорошая".

— Лизанька, где мы будем на Масленицу танцевать? — ласково, как ребенка, спросил он.

И так же, как отец, Лизанька пунцом покрылась.

— Вы-ы думаете еще... А бал у командира будет большой?

— Ну вот, хоть бы так, — еще ласковей, бледнея, сказал Колумб.

Дома застал Колумб Васина и Володю за поздним чаем. Шурочки Васиной — по вечной ее повадке — не было дома.

Володя, видимо, сердился, страшно таращил глаза. А Васин заливался, помирал, зажмурясь, потирал в громадную гармонику собранный лоб.

— Да я же говорю, что женюсь я, женюсь, ну? — наседал Володя.

— А ты лучше, чем жениться... ох-хо-хо... купи себе дорожную жену. Вот же, вот, в Мюр и Мерилиз каталоге на странице сто восемьдесят пятой... Вот че-мо-да-ны, вот не-се-се-ры, а вот до-рож-ная жена — последняя новость, ну?

А когда Володя рвался заглянуть в Мюр и Мерилиз каталог, Васин захлопывал книгу, Володе поглядеть не давал.

— Врешь, наверно! Какая такая дорожная жена? Такой и не бывает, наверно, врешь... — но, видимо, верил Володя со страхом: тогда, правда, чего же и жениться, если у Мюра и Мерилиза есть?

— Я ему говорю: выписывай наложенным платежом... — закатывался Васин, тыкая толстым пальцем Володю в живот...

Руки в карманы, петушась — ни дать ни взять Еруслан Лазаревич перед сражением — Володя встал, отошел...

— Да бишь, — вспомнил Володя, — я от Панни приглашение получил. На бал. Какой-то и тебе пакет, да он у меня вот тут вот.

— Дай, — потянул Колумб руку.

— А ты попроси хорошенько, как надо. А то: "да-ай"...

Упористо расставил Колумб ноги, голову нагнул — с

143

жесткими колечками волос по обеим сторонам лба. Сейчас вот брухнет — и прощай, Володя...

— Я тебе говорю... — очень тихо сказал Колумб, глядя вниз.

— Да ты... — начал петушисто Володя, но, увидев, увял. Достал из кармана конверт, со злостью швырнул его Колумбу куда-то в живот.

"Да, это она, Панни... Всем — одинаково, должно быть, на одинаковой бумаге: "Очень прошу Вас не отказаться..."

Было "Вас" отмечено чуть заметной чертой... И от этой чуточной черточки все ходуном заходило в Колумбе.

Задул лампу. Лег. И тотчас перед ним, где-то в самом сердце тьмы, затлел алый блеск — алый, как мак, как головня в темной воде пруда.

"Раз, два, три... — отсчитывал Колумб не то дни, не то боль, ударявшую в сердце. — Через три дня... Это будет, будет же, — я, я, говорю..."

Нагибался Колумб над глубью тихого, темного смертной тьмою пруда, нагибался все ниже... Горел — не мог заснуть. Встал — фортку открыл.

И пополз к Колумбу желтоватый, древний туман. Закутал Колумба как ватой. Чудно стало Колумбу: вот запрятался он как ловко, поди-ка теперь раскопай... "Вот я тебя и обманул", — смеялся Колумб. "Ты — меня? Ого-го! А попробуй-ка, выпутайся, брат..."

Попробовал Колумб — и никак. Бьется в мягкой невидной вате, в чем-то, чего нет — и не выпутаться...

6

Стоял когда-то у самого Тяпкина лога развеселый помещичий дом. Шел тут дым коромыслом. В конюшне, посекшись, играли музыканты так, что помещики в голос ревели. Крепостные балерины-девки вели менуэты, мертвеньких младенцев рожали, закапывали тут же в саду. А на конец концов в том саду прикончил кто-то Ивана Максимыча. Какой такой Иван Максимыч, хозяин ли, гость ли — всем уже заметалось; только вот и помнили, что "Иван Максимыч с трубкой огромадной".

...Ивана Максимыча нету уж в помине, а в покоях по-прежнему все; только вот на конике красного дерева в темной передней не Мишка-казачок, гостей ожидаючи, носом клюет, а нестроевой Семен Вентерь. А то — те же штофные кресла кряхтят и диваны с финифтью мудреные; те же бюры забыто таят бийе ду; от старости желтые щелкают те же шары карамболя; ждут шепот горячий подслушать те же бессчетные чердачки, боковуши и ниши; в золоченых рамах те же все зеркала: на "нынешних" глядят презрительно — тусклым старческим взором.

Зеркала и зеркала... Сзади и сбоку — другой и третий обманчивый мир, и Колумбу навстречу шел тоже Колумб, шел бледный и тоже с нагнутой упрямой головой. И хуже всего: было некуда уйти от темных глаз Панни.

Путался Колумб, кружилась у него голова, притчилось: никакого, ничего настоящего нет, одни лишь дрожащие зеркала.

"Я тебя вижу во сне..."

— Нет, я тебя, — пробормотал вслух Колумб, и не слыхал Колумб, что сказала Лизанька, звонко смеясь. — Что?

— Наши-то две "тумбочки", сестрицы-то мои, за кавалера своего поцапались, — просмеялась фарфорово Лизанька.

И впрямь, на штофной козетке раково-красные петушились две "тумбочки", подскакивали на пружинах друг к другу — вцепятся вот-вот...

Колумб улыбнулся — очнулся: улыбка трезвит куда крепче нашатырного спирта. Лизанька упорхнула, поймал Колумб последнее слово "разниму" и увидел: из зеркала медленно двинулась к нему Панни... Сейчас...

Взглянул — захлебнулся Колумб в ее глазах. Неведомо куда покорно пошел за нею... Закружили винтовые ступени, завесился темной завесой тяжелый топот ног.

В забытой боковуше на полу шуршнули бумаги.

Месяц, заволокшись туманом, трепетал за окном...

Только одни глаза — одни глаза — пред собою видел Колумб.

— Так вы та-ак? — придвинулись глаза. — Вы с этой куклой, вы не хотите ни на...

Оборвала. Из-за далекой тихой завесы — топот ног...

— Я... Я же ведь это... — сказал Колумб. — Я — Иван Максимыч, — хотел сказать и не мог...

Взял теплую ее руку, сжал так, что услышал легкий хруст. И тотчас почуял на своих губах жаркие, жадные губы. Закрыл покорно глаза.

— Панни, вы же знали: я и тогда в подъезде... Панни, я вас всегда... — умолял ее Колумб.

Панни стала смеяться чуть слышно: закружились вертко, как бесы, вихорьки далекой метели...

Со смехом залезла горячей рукой в рукав к нему, поползла — все выше...

— А-а, всегда? — пытала огнем.

— Всегда, — ответил радостно-твердо Колумб. — Еще тогда, на приступочках...

...В настоящем, не зеркальном, мире прошли, должно быть, только минуты: вернувшись, увидал Колумб — Лизанька разнимала еще сестер. Подбежала, протянула Колумбу ручки:

— Вальс.

— Я вальс не хочу. Пойдемте лучше, тут жарко... — но Лизанька уходить не хотела.

— Сейчас ведь фанты...

В зеркале справа уже звали назад Колумба огромные глаза. Мимо мигал Семен Вентерь с подносом: обносил аршад. Был Семен Вентерь мышино-юркий и вострый.

"Надо Лизаньке взять... а то нырнет сейчас куда-нибудь в угол, в мышиную норь", — и стал Колумб, сам себе дивясь, ждать всерьез, что юркнет Семен.

Пила фарфоровая Лизанька бело-фарфоровый аршад. Почему-то очень понравилось Колумбу: показалось, так надо.

— Пейте. Пейте еще. Ну, пожалуйста...

Повернулся Колумб, чтобы Вентеря отыскать — и в первый

раз увидал командира: в резном деревянном кресле деревянно сидел он, застылый, недвижный. Представился Колумбу совершенной мебелью.

Ударил оркестр. На туманном льду зеркал задрожали призраки пар. С Лизанькой несся куда-то Колумб, все равно куда.

— ...На подолах... какие теперь носят пуфы на подолах! — в ухо Колумбу протянул голос.

Поднял глаза — увидел засыпанные пудрой щеки, завитую челку Шурочки Васиной. И тотчас, как крылом, ударило с лету в лицо — отмахнулся... Скомканный платочек упал на пол...

— Прозевали, прозевали, вам... — захлопала точеными ручками Лизанька.

Вышел на середину Колумб, покорно глядел на Панни: как царица, она сидела посередине. Подвитой, нафабренный, лубочным пажом стоял сзади Володя.

Улыбаясь, что-то пошептал Володя царице.

— Завяжите ему глаза, — закричала Панни.

"Теперь куда-то поведет — и смерть..." — радостно захотелось Колумбу.

Володя взял за бока Вентеря, приволок откуда-то Вентерь подушки, положил их перед Колумбом на сажень одна от другой. Развязали Колумбу глаза.

— Ну, Колумб, — сказал Володя. — Теперь завяжем, и будешь прыгать. Только, избави Бог, не наступи...

И только обезглазел Колумб, Володя, пальцем всем погрозив, выхватил подушки, ткнул Вентерю их — и замер. Старательно прыгнул Колумб над пустым полом...

— Не задел? — спросил он Володю.

Публика зажимала рты, чтоб не фыркнуть, махали руками, умирали...

Колумб прыгнул еще раз над пустым... Ступил на каблуки — испугался — оперся руками — на четвереньках...

Тут грохнули все, застонали. Встрепенулся Колумб, содрал с глаз платок — и увидел... только одну Панни. Только ее. Она смеялась над ним, широко открыла свои крупные губы... Смеялась громко, больше не было никого слышно.

Колумб ступил к ней на шаг, упористо ноги расставив, глядя на нее с минуту. Повернулся, не спеша, ушел...

Оркестр плясал. Скользили в зеркалах искривленные тени. Мимо Колумба мелькнула пудра и челка Шурочки Васиной.

— Какие пуфы-то теперь на подолах... — крикнула она.

— Бедный. Вот еще вздумали они, подушки... — Лизанька вложила Колумбу свою холодную ручку.

В кукольных ее глазах показались Колумбу слезы.

— Лизанька, мы пойдем еще... — и снова понесся куда-то с хороводом теней.

Делая оборот посреди зала, твердой рукой Лизаньку остановил Колумб. Под музыку, закрывши глаза, на минуту нежно прильнул к Лизанькиным прохладным фарфоровым губкам. Когда отолпили его кругом, вымахивали негодующие руки, брызгали слюнями, Колумб, бледный, спокойно сказал:

— Лизанька — моя невеста, ведь я не виноват, что так люблю. Я не мог удержаться...

— Поздравляю вас. Я и не зна-ала... — услышал Колумб ласковый голос Панни.

7

Колумб перебрался к тестю, к Водоемким, и занял там с Лизанькой мезонин. Две комнаты: спальня и кабинет Колумбов — Колумбовы книги.

В первую же ночь Лизанька в шелковой белоснежной сорочке, вся дрожа, как росинка белоснежная, — сидела на кровати, подобрав под себя ноги, чтобы не было стыдно. Со страхом ждала, что ответит Колумб. Ее ли первую любит? Никого не любил, никого не касался?

Колумбу вспомнилась та ночь в веселом доме и Ольга. "Если любовь вот в этом, в касаньи, ...конечно, никого не касался. Ждал настоящей любви", — усмехнулся Колумб и чистосердечно, взяв похолодевшие Лизанькины ручки, ответил:

— Нет, Лизанька, девочка моя маленькая, ни одной не касался. Я ждал...

— Меня? — вскрикнула Лизанька, завежила блаженно глаза, раскрылась улыбкой, крепко обхватила Колумба детскими ручками — дрожала в них каждая жилочка.

Хорошела Лизанька день ото дня, ночь от ночи. Мало спала ночами. Если не умирала от поцелуев Колумба, то лежала поверх розового одеяла, сбросив с себя все, — все было жарко — жемчужиной лежала на розовом. Глаза закрыты, думала о чем-то, — а впрочем, о чем жемчужины думают, лежа на розовом от солнца песке? — грелась, что-то вспоминала жемчужно-розовым недром, раскрывалась улыбкой, как жемчужина на теплом от солнца песчаном дне.

А Колумб просил ее открыть глаза, открывал ей пальцем, но глаза сами собой закрывались. И как будто это уж было когда-то, и никак не мог вспомнить Колумб, кому уж открывал так глаза.

Колумб нигде не бывал. Заходил Васин, Володя.

1918